Anna-Katharina Glahn

Personalentwicklung

Strategien multinationaler Unternehmen

Glahn, Anna-Katharina: Personalentwicklung: Strategien multinationaler Unternehmen,
Hamburg, Diplomica Verlag GmbH

Umschlagsgestaltung: Diplomica Verlag GmbH, Hamburg
Umschlagsmotiv: © maconga - Fotolia.com

ISBN: 978-3-8366-9810-8

© Diplomica Verlag GmbH, Hamburg 2010

Bibliografische Information der Deutschen Nationalbibliothek:

Die Deutsche Nationalbibliothek verzeichnet diese Publikation
in der Deutschen Nationalbibliografie;
detaillierte bibliografische Daten sind im Internet über
http://dnb.d-nb.de abrufbar.

Die digitale Ausgabe (eBook-Ausgabe) dieses Titels trägt die
ISBN 978-3-8366-4810-3 und kann über den Handel oder
den Verlag bezogen werden.

Dieses Werk ist urheberrechtlich geschützt. Die dadurch begründeten Rechte,
insbesondere die der Übersetzung, des Nachdrucks, des Vortrags, der Entnahme von
Abbildungen und Tabellen, der Funksendung, der Mikroverfilmung oder der
Vervielfältigung auf anderen Wegen und der Speicherung in Datenverarbeitungsanlagen,
bleiben, auch bei nur auszugsweiser Verwertung, vorbehalten. Eine Vervielfältigung
dieses Werkes oder von Teilen dieses Werkes ist auch im Einzelfall nur in den Grenzen
der gesetzlichen Bestimmungen des Urheberrechtsgesetzes der Bundesrepublik
Deutschland in der jeweils geltenden Fassung zulässig. Sie ist grundsätzlich
vergütungspflichtig. Zuwiderhandlungen unterliegen den Strafbestimmungen des
Urheberrechtes. Die Wiedergabe von Gebrauchsnamen, Handelsnamen,
Warenbezeichnungen usw. in diesem Werk berechtigt auch ohne besondere
Kennzeichnung nicht zu der Annahme, dass solche Namen im Sinne der Warenzeichen-
und Markenschutz-Gesetzgebung als frei zu betrachten wären und daher von jedermann
benutzt werden dürften. Die Informationen in diesem Werk wurden mit Sorgfalt
erarbeitet. Dennoch können Fehler nicht vollständig ausgeschlossen werden und die
Diplomica GmbH, die Autoren oder Übersetzer übernehmen keine juristische
Verantwortung oder irgendeine Haftung für evtl. verbliebene fehlerhafte Angaben und
deren Folgen.

Vorwort

Schaut man sich die Anfänge des Projektmanagements an, so wird von Historikern und Nostalgikern gleichermaßen gern auf die Architekturwunder längst ausgestorbener Hochkulturen verwiesen. Der Bau der Pyramiden der alten Ägypter, Azteken und Maya war sicherlich einer der ersten Ansätze erfolgreichen Projektmanagements, ohne dass die Betroffenen bereits das heutige Vokabular dafür nutzten.

Aus den Großprojekten der heutigen Zeit, insbesondere aus dem Kraftwerksbau und dem amerikanischen Luft- und Raumfahrtprogramm entwickelte sich dann eine Form des Projektmanagements, die leider nur auf sehr schmalen Füßen den Weg in die Unternehmen fand. Lange Zeit sah die weit verbreitete Praxis so aus, dass man mit der Benennung eines Projektleiters und der Bereitstellung einer EDV-basierten Terminplanung schon die organisatorischen und toolseitigen Ansprüche des Projektmanagements erfüllt glaubte. In kleineren Unternehmen, die keine ausgesprochene Projektorganisation haben, sondern Projekte noch immer in Reinkultur als eine „… einmalige, neuartige …" u.s.w. Aufgabenstellung ansehen, sind das teilweise noch heute die Hauptgestaltungsparameter der Projektarbeit.

Und dann passierten in kurzer zeitlicher Folge drei Dinge, die dem Projektmanagement eine weltweit sehr große und bis heute noch weiter steigende Bedeutung zukommen ließen. Wir wollen es

- Professionalisierung
- Parallelisierung und
- Internationalisierung

nennen.

Mit der Professionalisierung entstand in erster Linie der deutlich ausgebaute Methodenkanon, der sich heute hinter dem Projektmanagement verbirgt. Neben der Termin- und Ressourcenplanung einerseits und der Budgetplanung und -kontrolle anderseits sind Themen wie das Risikomanagement (inzwischen eigenständig normiert in der DIN 31.000), das Konfigurations- und Änderungsmanagement (insbesondere in Projekten der variantenreichen Produktentwicklung), das Requirements Management (als Fortsetzung des Wechselspiels von Lasten- und Pflichtenheft an der Schnittstelle zum Kunden) und viele andere Dinge entstanden. Die Deutsche Gesellschaft für Projektmanagement (GPM e.V.) hat bereits frühzeitig mit einem vierbändigen Standardwerk reagiert und die Professionalisierung des Projektmanagements auf über 2.500 Seiten strukturiert, systematisiert und dokumentiert.

Mit der Parallelisierung von Projekten entwickelten sich hingegen neue Disziplinen, die sich heute u.a. unter den Begriffen Multiprojektmanagement, Projektportfoliomanagement und Programmmanagement etabliert haben. Über die Vielzahl von Projekten ist nicht nur das Projektmanagement selbst, sondern auch die Projektorganisation erwachsen geworden. Viele

Unternehmens-, vor allem Entwicklungsbereiche sowie teilweise komplette Unternehmen haben inzwischen auf die Projektorganisation umgestellt. In kreativer Anwendung und Weiterentwicklung des (Geschäfts-)Prozessmanagements haben sich Projektprozesse entwickelt und als Prozesstemplates etabliert. Diese stehen inzwischen für die serielle wie auch parallele Wiederverwendung bei hoher Wiederholhäufigkeit bereit und beschleunigen die weitere Parallelisierung von Projekten zunehmend.

Der Internationalisierung des Projektmanagements, dem dritten identifizierten Langzeittrend, wollen wir diese Buchreihe widmen. „Internationale und interkulturelle Projekte erfolgreich umsetzen" ist eine Herausforderung der besonderen Art. Neben den beiden erstgenannten Aspekten der Parallelisierung und Professionalisierung des Projektmanagements – beides ist weitgehend rational beschreibbar, erlebbar und quantitativ bewertbar – nimmt die Internationalisierung eine Sonderstellung ein. Kunden oder Auftraggeber sitzen im Ausland, was in der exportstarken Nation Deutschland keine Besonderheit ist. Entwicklungs- und Produktionsstätten werden nach Asien oder Südosteuropa verlagert, was auf Grund des Lohngefälles auch nicht neu ist. Unternehmen, die den deutschen Markt in zunehmender Sättigung erleben (z.B. Lebensmitteldiscounter) gehen ebenso ins Ausland wie Untenehmen, deren Technologie einzigartig und weltführend ist (z.B. die Erneuerbaren Energien). Dazu kommen politische Entscheidungen der Gründung oder Förderung multinationaler Allianzen, wie wir es bei EADS erleben. Last but not least ändern sich die Rahmenbedingungen außerhalb Deutschlands auch stetig derart, dass grenzüberschreitende Zusammenarbeit eher erleichtert, statt erschwert wird (Marktwachstumspotentiale in Indien, zunehmende Öffnung von China, EU-Osterweiterung, Euro-Einführung, etc.).

Wenn Chancen und Potentiale erkannt sind, startet i.d.R. ein Projekt. Wenn sie (noch) nicht erkannt sind, startet ein Pilot- oder Evaluierungsprojekt. Und sobald der Projektstart eine internationale Komponente hat, verlängert sich sofort und signifikant die Liste der kritischen Erfolgsfaktoren. Ganz offensichtliche Aspekte wie das unpersönliche Zusammenarbeiten über große Entfernungen, die Sprachbarrieren, das entkoppelte Agieren in unterschiedlichen Zeitzonen und ergänzende, ggf. sogar widersprüchliche Gesetzesforderungen u.ä., sind dabei noch die geringsten Probleme. Zahlreiche schwerer zu identifizierende und dadurch auch deutlich schwerer zu lösende Herausforderungen ergeben sich aus wechselnden sozialen Strukturen und kulturellen Rahmenbedingungen.

Dem Pauschaltouristen mag die Bemerkung im Reiseführer genügen, dass „... der Asiate ständig wirkt, als würde er lächeln." Wer aber in eine internationale Projektgruppe integriert ist, vielleicht sogar umfassende Projektverantwortung trägt, dem stellt sich gleich eine ganze Reihe von Fragen bzgl. der Auswirkungen von Internationalität. Wo und wann brauchen wir mehr Zeit als in nationalen Projekten und wieviel genau mehr? Brauchen wir punktuell mehr Budget und wo können wir dies wieder einsparen? Wie machen sich erschwerte Kommunikationsbedingungen in der Projektplanung bemerkbar und wie kann aktiv steuernd darauf eingewirkt werden? Welche neuen, bisher nie erlebten Potentiale ergeben sich in einer internationalen, multikulturellen Projektumgebung?

Auf all diese Fragen gibt es leider noch nicht hinreichend viele gute, vor allem noch keine strukturierten oder gar quantifizierten Antworten. Aber es gibt bereits sehr viele wertvolle Erfahrungen. Genau diese möchten wir mit dieser Schriftenreihe zur Verfügung stellen. Wir möchten Studien und Projektberichte veröffentlichen, die helfen, aus den Fehlern und den Erfolgen anderer zu lernen. Ohne selbst den Stein der Weisen außerhalb der Grenzen Deutschlands gefunden zu haben, möchten wir Beispiele und Anregungen geben, wie Sie „Internationale und interkulturelle Projekte erfolgreich umsetzen" können. Deshalb haben wir diese Schriftenreihe so genannt.

Steffen Rietz
GPM-Fachgruppe für Projekt- und Prozessmanagement
Lehrstuhl für Technisches Projektmanagement an der FHW

Internationale und interkulturelle Projekte erfolgreich umsetzen

Herausgeber:

Prof. Dr.-Ing. Steffen Rietz
Deutsche Gesellschaft für Projektmanagement (GPM) e.V.
mail to: projekt-prozessmanagement@gpm-ipma.de

c/o FHW, Fachhochschule Westküste
Fachgebiet Technisches Projektmanagement
Fritz-Thiedemann-Ring 20
25746 Heide /Holst.

Prof. Dr. Rietz ist seit über 15 Jahren in der permanenten methodischen Weiterentwicklung und praktischen Anwendung des Prozess- und Projektmanagements aktiv. Nach der Leitung einiger Forschungs- und industrienaher Beratungsprojekte für das produktionstechnisch orientierte Fraunhofer-Institut für Fabrikbetrieb und -automatisierung übernahm er die Leitung des Fertigungsbereiches eines innovativen mittelständischen Halbleiterherstellers.

Mit dem späteren Wechsel zu einem der großen deutschen, international tätigen Automobilzulieferer übernahm Steffen Rietz zentrale Verantwortung für Projektmanagementmethoden und Entwicklungsprozesse. Aus verschiedenen leitenden Positionen heraus verantwortete er die methodische Optimierung des Projekt- und Prozessmanagements im Entwicklungsbereich, gestaltete und automatisierte maßgeblich den Produktentstehungsprozess für hochkomplexe mechatronische Produkte. Das beinhaltete zunehmend auch dessen Implementierung in standortübergreifende Entwicklungsprojekte und an verschiedenen internationalen Entwicklungsstandorten.

Inzwischen hat Prof. Dr. Rietz den Lehrstuhl für Technisches Projektmanagement im Fachbereich Technik der FHW, Fachhochschule Westküste übernommen und ist Leiter der GPM-Fachgruppe für Projekt- und Prozessmanagement der Deutschen Gesellschaft für Projektmanagement e.V.

Schwerpunkt seiner heutigen Arbeit ist die Schnittstelle von Projekt- und (Geschäfts-) Prozessmanagement, deren Anwendung und Optimierung, vorwiegend im qualitätssichernden Umfeld der Produktentwicklung und nicht zuletzt die schrittweise Integration der durch die Globalisierung stark anwachsenden internationalen und interkulturellen Aspekte im Projekt- und Multiprojektmanagement.

Herr Rietz ist Mitinitiator des Awards für Projekt- und Prozessmanagement, seit 2006 regelmäßiges Mitglied in der Gutachterkommission des inzwischen im gesamten deutschsprachigen Raum etablierten Awards und arbeitet im Normenausschuss des DIN aktiv an der Neufassung der DIN-Norm zum Projektmanagement mit.

Autorin:

Anna-Katharina Glahn
Master of Science, Business Management
ak.glahn@web.de

Anna-Katharina Glahn, geboren 1982 in Hannover, entwickelte bereits während ihrer Schulzeit eine besondere Begeisterung für fremde Sprachen und Kulturen und verbrachte schon mit 16 Jahren einen 5monatigen Schüleraustausch in Kolumbien.

Neben dieser Begeisterung wuchs zudem das Interesse am breiten Feld der Erwachsenenbildung. So entschied sich die Autorin für ein Diplomstudium der Betriebswirtschaft mit dem Schwerpunkt Personal- und Organisationsentwicklung. Nach erfolgreichem Abschluss folgte ein international ausgerichtetes Masterstudium in Business Management, das sie Anfang 2009 mit Auszeichnung abschloss. Während dieser Zeit sammelte sie im Rahmen ihrer Tätigkeit für eine Unternehmensberatung vielfältige praktische Erfahrungen in der Personalentwicklung. Dabei entstand der Wunsch, diese Erkenntnisse in Form eines Fachbuchs in einen internationalen / interkulturellen Kontext zu setzen, den sich die in Berlin lebende Autorin hiermit erfüllte.

Inhaltsverzeichnis

Inhaltsverzeichnis 6

Abkürzungsverzeichnis 8

Abkürzungsverzeichnis 8

Darstellungsverzeichnis 9

Teil 1   Einführung **10**
1.1   „Was bleibt, ist die Veränderung;" 10
1.2   Problemstellung und Zielsetzung 10

Teil 2   Globale Strukturen, globale Kulturen? **13**
2.1   Überblick 13
2.2   Multinationale Unternehmen: Definition und Bedeutung 13
2.3   Arbeitskultur: Von Werten und Verhaltensweisen 15
    2.3.1   Arbeitskulturelle Aspekte im Vergleich 16
    2.3.2   Besonderheiten der Kulturprofile 22
2.4   Bildungssysteme: Basis der Personalentwicklung 24
    2.4.1   Bildungssysteme im Vergleich 25
    2.4.2   Besonderheiten der Bildungssysteme 30
2.5   Zusammenfassung 33

Teil 3   Die Kultur der Personalentwicklung **35**
3.1   Überblick 35
3.2   Personalentwicklung: Eine Einführung 35
    3.2.1   Rolle und Stellenwert der Personalentwicklung 36
    3.2.2   Akteure der Personalentwicklung 37
3.3   Personalentwicklung im geografischen Vergleich 38
    3.3.1   Geografische Tendenzen der Personalentwicklung 39
    3.3.2   Beispiele zum praktischen Einsatz von PE-Instrumenten 41
3.4   Zusammenfassung 43

Teil 4	**Praxis in multinationalen Unternehmen**	45
4.1	Überblick	45
4.2	Ziele und Strategien multinationaler Unternehmen	45
4.3	Strategien und Konzepte der Personalentwicklung	48
4.3.1	Beispiele aus der Praxis	51
4.3.2	Wesentliche Erkenntnisse und Hintergründe	55
4.3.3	Handlungsempfehlungen	59
4.4	Ein Blick in die Zukunft	60
4.4.1	Umgang mit der Finanz- und Wirtschaftskrise	61
4.4.2	Entwicklungstendenzen der Personalentwicklung	62
4.5	Zusammenfassung	63
Teil 5	**Schlussbetrachtung**	**65**
Danksagung		**66**
Anhang		**67**
Interviews mit Unternehmensvertretern		**71**
Literaturverzeichnis		**72**

Abkürzungsverzeichnis

ACT	American College Testing Program
BA	Berufsakademie
EFS	Europäischer Sozialfonds
FH	Fachhochschule
HR	Human Resources
MA	Mitarbeiter
MNU	Multinationale(s) Unternehmen
PE	Personalentwicklung
SAT	Scholastic Aptitude Test
Sek I	Sekundarstufe I
Sek II	Sekundarstufe II

Darstellungsverzeichnis

Darst. 1: Zukunftsorientierung 17
Darst. 2: Leistungsorientierung 18
Darst. 3: Zielvorgaben und Planung 19
Darst. 4: Motivationsstruktur 20
Darst. 5: Machtdistanz und Führungsstil 21
Darst. 6: Kommunikation 22
Darst. 7: Vergleich der Bildungssysteme Teil 1 26
Darst. 8: Vergleich der Bildungssysteme Teil 2 27
Darst. 9: Vergleich der Bildungssysteme Teil 3 28
Darst. 10: Vergleich der Bildungssysteme Teil 4 29
Darst. 11: Einsatz und Einsatzhäufigkeit ausgewählter PE-Instrumente 42
Darst. 12: Strategische Orientierung internationaler Unternehmen 47
Darst. 13: Strategien der Personalentwicklung 49
Darst. 14: Praxisbeispiele der Personalentwicklung in MNU Teil 1 52
Darst. 15: Praxisbeispiele der Personalentwicklung in MNU Teil 2 53

Teil 1 Einführung

1.1 „Was bleibt, ist die Veränderung;

...was sich verändert, bleibt."[1] Die Fähigkeit, sich auf Veränderungen einstellen zu können ist bei kontinuierlich zunehmender Dynamik und Komplexität der Märkte zum wichtigsten Wettbewerbsfaktor für Unternehmen geworden. Nur jene Unternehmen, die in der Lage sind frühzeitig Entwicklungstendenzen zu erkennen und ihre Strategien antizipativ daran auszurichten, werden auf den globalen und lokalen Märkten dauerhaft bestehen können.

Eine Folge und gleichsam auch ursächlich für den beschleunigten Wandel ist die zunehmende Internationalisierung von Unternehmen. Im Wesentlichen angetrieben von drei fundamentalen Größen: Kunden, Kosten und Potenzialträger.[2] Insbesondere im produzierenden Gewerbe, wie beispielsweise der Automobilindustrie, ist ein Trend zur Abwanderung von Produktionsstätten in sog. „Low Cost Countries"[3] zu verzeichnen[4]. Aus deutscher Perspektive gewinnt daher der Osten Mitteleuropas stetig an Bedeutung.

In diesem internationalen Kontext stellt die geografisch bedingte Differenzierung multinationale Unternehmen und im Speziellen deren Personalentwicklung (im Weiteren auch kurz PE) vor eine besondere Herausforderung. Das Ziel, einen unternehmensweiten Qualitätsstandard der Produkte und Dienstleistungen sicherzustellen, kann nur über standardisierte Prozesse und ein einheitliches (Mindest-) Kompetenzniveau erreicht werden[5]. Entsprechend werden global gültige Kompetenzprofile definiert und PE-Prozesse sowie PE-Instrumente standardisiert. Gleichzeitig dürfen jedoch die externen Rahmenbedingungen der verschiedenen Standorte ebenso wie die zunehmende kulturelle Diversität realer und virtueller Teams nicht vernachlässigt werden.

Think global – but how to act?

1.2 Problemstellung und Zielsetzung

In Anbetracht des beschriebenen Wandels und der tief greifenden Veränderungen, die zunehmend ein Umdenken in **allen** Bereichen des Personalmanagements fordern, steigt analog auch das Interesse der Wirtschafts- und Sozialwissenschaften an diesem umfangreichen Themengebiet. In der stetig wachsenden Zahl an Fachartikeln, Studien und Praxisliteratur lassen sich mehrere Trends erkennen:

---

[1] Zitat nach Michael Richter, deutscher Zeithistoriker (*1952).
[2] Vgl. u. a. Dülfer/Jöstingmeier (2008), S. 109 ff. sowie Siedenbiedel (2007), S. 59 ff.
[3] Länder mit deutlich geringeren Lohn- und Produktionskosten.
[4] Vgl. U1 - Interview 1.
[5] Vgl. U1 - Interview 1.

Unter dem Stichwort des „internationalen Personalmanagements" (bzw. international Human Resource Management) werden insbesondere die internationale Ausrichtung der Personalstrategie sowie rechtliche Aspekte und Entgeltlösungen in multinationalen Unternehmen zusammengefasst.

Als Spezialgebiet hat sich die „internationale Personalentwicklung" herausgebildet, innerhalb derer zwischen verschiedenen Fokussen differenziert werden kann. Dominierend werden in diesem Rahmen sowohl die Notwendigkeit als auch mögliche Ausprägungen des Ausbaus interkultureller Kompetenzen von Mitarbeitern multinationaler Unternehmen untersucht. In diesem Zusammenhang hat sich auf Trainer- und Beraterseite ein völlig neues Tätigkeitsfeld, „das interkulturelle Training", entwickelt und etabliert. Angelehnt an diese Problematik erschließen sich der Wissenschaft zahlreiche weitere Forschungsgebiete. Diese reichen von der globalen kulturvergleichenden Personalmanagementforschung bis hin zu Auslandsentsendungen als ein mögliches Instrument zur Kompetenzerweiterung.

Im Zuge der Intensivierung grenzüberschreitender Tätigkeiten sind diese Aspekte von Bedeutung. Speziell multinationale Unternehmen sehen sich mit besonderen Anforderungen konfrontiert. So muss eine Balance zwischen den strategischen globalen Zielsetzungen des Gesamtunternehmens und den national divergierenden Rahmenbedingungen der unterschiedlichen Standorte gefunden werden. Dabei sind multinationale Unternehmen einer wesentlich größeren Zahl externer Umweltfaktoren, aber auch interner Triebkräfte ausgesetzt, als ausschließlich lokal agierende Unternehmen.

Insgesamt sind derzeit noch Defizite innerhalb des Forschungsgebiets der internationalen Personalentwicklung zu verzeichnen, aus denen sich die zentralen Fragestellungen der vorliegenden Studie ergaben:

Welches Verständnis von Personalentwicklung besteht in multinationalen Unternehmen an unterschiedlichen Standorten und welchen Stellenwert nimmt die Personalentwicklung hier jeweils ein?

Inwieweit lassen sich Unterschiede in der PE-Strategie, dem Einsatz und der konkreten Umsetzung von PE-Maßnahmen innerhalb multinationaler Unternehmen erkennen?

Worauf sind erkennbare Unterschiede im Wesentlichen zurückzuführen und spielen divergierende Bildungssysteme oder kulturelle Rahmenbedingungen dabei eine entscheidende Rolle?

Welche Folgen und Problemstellungen ergeben sich daraus für multinationale Unternehmen und wie sind diese mit Blick auf zukünftige globale Entwicklungen möglicherweise langfristig zu lösen?

Zielsetzung war es daher, diese Fragestellungen näher zu untersuchen und erste Eindrücke aus der HR-Praxis zu gewinnen. Aufbauend auf theoretischen Grundlagen wurden hierzu die Erfahrungen von Personalverantwortlichen ausgewählter multinationaler Unternehmen mittels strukturierter Interviews zusammengetragen und anschließend analysiert.

Als wesentliche Themen wurden Stellenwert und Organisation der Personalentwicklung, PE-Strategien und PE-Konzepte der befragten Unternehmen, Unterschiede der externen Rahmenbedingungen in den Vergleichsregionen sowie allgemeine und unternehmensspezifische Tendenzen in der Personalentwicklung erfasst.

Insgesamt konnten für die Interviews neun HR-Experten aus vier deutsch und zwei amerikanisch stämmigen Unternehmen gewonnen werden. Hierbei handelte es sich um international agierende Großunternehmen und Konzerne aus den Branchen Automotive, Logistik sowie IT / Elektrotechnik.[6]

Im Hinblick auf die zunehmende Bedeutung, welche der ost- mitteleuropäische Sektor[7] für Deutschland darstellt sowie den beständigen wirtschaftlichen Einfluss der USA, erfolgten die Untersuchungen im Vergleich dieser drei Standortregionen. Unter der Bezeichnung des ost-mitteleuropäischen Sektors wurden schwerpunktmäßig die Länder Polen, Tschechien und Ungarn beleuchtet. Bestehende Unterschiede innerhalb der jeweiligen Vergleichsregion fanden im Rahmen der Studie jedoch keine besondere Berücksichtigung.

---

[6] Detailliertere Informationen zu den Interviewpartnern, Unternehmensgröße und Branche finden sich im Literaturverzeichnis.

[7] Ost-Mitteleuropa umfasst die Länder Polen, Tschechien, Ungarn, Slowenien und Slowakei. Allerdings muss angemerkt werden, dass teils unterschiedliche Zuordnungen existieren. [Vgl. osteuropa-infoseite.de (2009), Online; vgl. unstats.un.org (2009), Online.]

Teil 2 Globale Strukturen, globale Kulturen?

2.1 Überblick

Ist jetzt alles gleich? Oder auf dem besten Weg dahin? Bedeuten zunehmende globale Strukturen in der Weltwirtschaft auch das Zusammenwachsen unterschiedlichster Kulturkreise zu einer globalen Kultur?

Um einen gelungenen Einstieg in das Thema „Auswirkungen kultureller Unterschiede auf die Personalentwicklung multinationaler Unternehmen" gestalten zu können, werden zunächst einmal die Hauptakteure in den zuvor angedeuteten globalen Strukturen näher beschrieben und definiert: Multinationale Unternehmen und ihre Mitarbeiter. Dabei soll auch das Spielfeld der „Global Player" näher betrachtet werden. Für die vorliegende Studie werden die Eckpunkte durch Ost-Mitteleuropa, Deutschland und die USA markiert. Welche Eigenheiten zeichnen diese Kulturregionen aus? Wo gibt es Parallelen, wo markante Unterschiede? Zudem sollen erste Überlegungen angestellt werden, wie die Kulturprofile im beruflichen Kontext zu sehen sind.

Multinationale Unternehmen werden standortspezifisch mit teils sehr unterschiedlichen Rahmenbedingungen konfrontiert. Hierzu zählen z. B. kulturell bedingte Wertvorstellungen und soziale Beziehungsgefüge, welche sich in Unternehmen in der gelebten **Arbeitskultur** spiegeln. Ebenso beeinflusst der Stand der Realitätserkenntnis, gemessen am **Bildungssystem,** Verhalten, Fähigkeiten und Fertigkeiten von Mitarbeitern - und folglich auch die Personalentwicklung. Angelehnt an das Schichtenmodell von Dülfer[8] bestehen zwischen diesen einzelnen Schichten Interdependenzen; ein umfassendes Bild eines Kulturkreises kann daher nur unter Berücksichtigung mehrerer Faktoren gezeichnet werden.

2.2 Multinationale Unternehmen: Definition und Bedeutung

In der einschlägigen Fachliteratur finden sich vielerlei Synonyme und Definitionsansätze für die multinationale Unternehmung (im Folgenden auch mit MNU abgekürzt). Synonym verwendet werden insbesondere die Begriffe multinationale, transnationale, internationale und globale Konzerne bzw. Unternehmen. Ebenfalls fällt in diesem Zusammenhang häufig das Schlagwort „Global Player". Auf eine genauere Abgrenzung der o. g. Begriffe sowie eine Diskussion der unterschiedlichen Definitionsversuche[9] wird an dieser Stelle jedoch zugunsten einer eigenen Arbeitsdefinition verzichtet.

---

[8] Das Schichtenmodell von Dülfer umfasst insgesamt sechs für international agierende Unternehmen relevante Schichten. Beginnend bei den natürlichen Gegebenheiten über Realitätserkenntnis, Wertvorstellungen und soziale Beziehungen bis hin zu rechtlich-politischen Normen und der Aufgabenumwelt. [Vgl. Dülfer/Jöstingmeier (2008), S. 249 f.]

[9] Vgl. z. B. Kutschker/Schmid (2006), S. 236; vgl. Welge/Holtbrügge (2006), S. 138 ff.

Als MNU werden demnach Unternehmen verstanden, welche die folgenden fünf Kriterien erfüllen:

- MNU sind klassische „Profit-Organisationen", mit dem Ziel durch Produktion oder Dienstleistung Gewinne zu generieren. Transnationale Hilfsorganisationen, Verbände u. ä. sind davon abzugrenzen.[10]

- Die Geschäftstätigkeit von MNU erstreckt sich auf mindestens zwei oder mehr Länder.[11]

- Der Fokus der Geschäftstätigkeit liegt dabei weniger auf dem Im- und Export, sondern vielmehr auf „Verflechtungen zwischen verschiedenen Ländern in Form von Direktinvestitionen[12]"[13] und demzufolge auf vorwiegend wertschöpfenden Funktionen wie Forschung und Entwicklung bzw. Produktion.[14]

- MNU bestehen aus mehreren organisatorischen Untereinheiten, die eng miteinander verknüpft sind und einer ganzheitlichen, globalen Unternehmensstrategie folgen.[15]

- Die Tochtergesellschaften agieren in festgelegter - auch wirtschaftlicher - Abhängigkeit von der Muttergesellschaft, welche das oberste Entscheidungszentrum darstellt.[16]

Für MNU ergeben sich folglich zusätzliche Herausforderungen im Wettbewerb auf den weltweiten Märkten, welche in unterschiedlicher Form in den einzelnen Funktionsbereichen der Unternehmen deutlich werden. Sie bewegen sich im ständigen Spannungsfeld zwischen globaler Standardisierung und lokaler Anpassung: Im „global-local Dilemma" sehen sich MNU einer heterogenen Unternehmensumwelt mit teilweise stark differierenden Wirtschaftssystemen konfrontiert,[17] derer sie zunächst mit der Unternehmensstrategie des Heimatlandes begegnen wollen bzw. werden.

MNU nehmen heute eine entscheidende Position im Weltwirtschaftsgeschehen ein, häufig gehören sie zu den Führenden ihrer Branche.[18] Dabei üben sie einen erheblichen Einfluss auf den Außenhandel ihrer Heimatländer aus; nicht zuletzt über den sog. Intra-Unternehmenshandel (Dienstleistungs- und Handelsströme innerhalb der eigenen Konzernstrukturen).[19]

---

[10] Vgl. Bornschier/Chase-Dunn (1985) S. XII, zit. nach Herkenrath (2003), S. 20 f.
[11] Vgl. Römer (2008), S. 4.
[12] Direktinvestitionen sind langfristige Kapitalanlagen auf ausländischen Märkten und stellen für viele multinationale Unternehmen ein probates Mittel zur Kostensenkung einerseits und Absatzsicherung andererseits dar. Neben dem Erwerb ausländischer Unternehmen und der Errichtung neuer Filialen und Tochtergesellschaften umfassen Direktinvestitionen auch Beteiligungen an ausländischen Unternehmen. [Vgl. Brockhaus (2004), S. 132.]
[13] Römer (2008), S. 4.
[14] Vgl. Römer (2008), S. 4.; vgl. Welge/Holtbrügge (2006), S. 41.
[15] Vgl. Welge/Holtbrügge (2006), S. 42; vgl. Bornschier/Chase-Dunn (1985), S. XII, zit. nach Herkenrath (2003), S. 20 f.
[16] Vgl. Welge/Holtbrügge (2006), S. 42.
[17] Vgl. Schmitt (2002), S. 34.
[18] Vgl. Herkenrath (2003), S. 23.
[19] Vgl. Zimmermann (2008), S. 7; vgl. Brinkhaus (1995); S. 30.

Greifbar wird dieser Einfluss u. a. bei der Betrachtung der Entwicklung weltweiter Direktinvestitionsbestände. Seit den 80er Jahren stiegen reales weltwirtschaftliches Bruttoinlandsprodukt und reales Exportvolumen um durchschnittlich 3,3 bzw. 5,9%. Im Vergleich dazu legten die Direktinvestitionsbestände um durchschnittlich 12,4% jährlich zu. Deutlich zeigt sich, dass MNU die entscheidenden Treiber der Globalisierung darstellen.[20]

2.3 Arbeitskultur: Von Werten und Verhaltensweisen

Im weitesten Sinne umfasst der Kulturbegriff Erkenntnisse und Wertvorstellungen sowie deren Objektivation innerhalb sozialer Gruppierungen. Die Vielzahl sozialer Gemeinschaften und ihre interne und externe Heterogenität deuten bereits auf die Komplexität der Kultur. Sie lässt sich nur schwer erfassen bzw. konkretisieren und stellt sich als nicht beeinflussbare Variable dar, welche von außen auf Organisationen und Institutionen wirkt.[21] Kultur spiegelt die angestrebten, häufig auch unbewussten, Werte (values) einer Gruppe wider. Diese bestimmen was recht oder unrecht ist, was gut oder schlecht ist, was normal oder unnormal ist. Aus diesen kulturspezifischen Werten entwickeln sich grundlegende Einstellungen (attitudes) zu sozialen Beziehungsgefügen, die sich im konkreten Verhalten (behavior) der Individuen und Gruppen äußern.[22]

Der Begriff der Arbeitskultur beschreibt in diesem Kontext den Ausschnitt einer Landeskultur, welcher das typische Arbeitsverhalten und die Arbeitsweise von Mitarbeitern unmittelbar bestimmt. Ebenfalls als Einfluss nehmend ist die Unternehmenskultur[23] zu nennen. Auch sie wirkt sich direkt auf das Arbeitsverhalten ihrer Organisationsmitglieder aus,[24] soll jedoch hier nicht weiter berücksichtigt werden.

Nach Lewis lassen sich Landeskulturen, und demnach auch Arbeitskulturen, drei unterschiedlichen kulturellen Gruppen zuordnen:[25]

- linear-aktiv (Handlungen werden Schritt für Schritt geplant und durchgeführt; zeitliche Reihenfolge muss eingehalten werden)
- multi-aktiv (Handlungsabfolgen werden nicht vom Zeitplan sondern von individueller Bedeutung bestimmt; Aufgaben laufen parallel)
- reaktiv (Zuhören und Höflichkeit haben höchste Priorität; die Wünsche der Gegenseite werden respektiert)

---

[20] Vgl. Römer (2008), S. 8.
[21] Vgl. Siedenbiedel (2008), S. 137 ff.
[22] Vgl. Adler (2002), S. 17 f.; vgl. Hofstede (1993), S. 128.
[23] Grundsätzlich entsteht eine Unternehmenskultur aus der Landeskultur. Sie umfasst Grundüberzeugungen, Werte, Symbole und Rituale innerhalb einer Organisation. Eine starke Unternehmenskultur kann sich allerdings über Landesgrenzen hinweg durchsetzen. [Vgl. Behr/Dunkel (2006), S. 2; vgl. Dülfer/Jöstingmeier (2008), S. 257 ff.]
[24] Vgl. Domsch et al. (1999), S. 24.
[25] Vgl. Lewis (2000), S. 13.

Sowohl Deutschland als auch die USA gehören zur linear-aktiven Kulturgruppe, die sich anhand einiger besonderer Merkmale charakterisieren lässt. Hierzu zählen u. a. Introversion, Geduld, methodisches Planen, Pünktlichkeit, Aufgabenorientierung, analytisches Verhalten, umfassende Termin- und Zeitplanung sowie Sachlichkeit.[26] Ost-Mitteleuropäische Nationen sind zwischen den linear-aktiven und multi-aktiven Kulturgruppen einzuordnen. Polen, Tschechen und Ungarn zeigen beispielsweise tendenziell eher multi-aktives Verhalten, während Slowenen tendenziell linear-aktiv sind.[27]

Um die jeweilige Arbeitskultur in den zu vergleichenden Regionen näher beschreiben und im Anschluss daran Überlegungen hinsichtlich ihrer PE-Wirksamkeit anstellen zu können, muss sie auf wenige, aussagefähige Dimensionen reduziert werden. Zielführend erscheinen die sechs interdependenten Dimensionen: Zukunftsorientierung, Leistungsorientierung, Zielsetzung und Arbeitsweise, Motivationsstruktur, Machtdistanz und Führungsstil sowie Kommunikation. Zur Darstellung dieser Items werden durchschnittliche, nicht individuelle, Normen und Verhaltensweisen verwendet. Dies bedeutet, dass eine Verallgemeinerung auf die Individuen eines Kulturkreises vermutlich nicht haltbar wäre. Vielmehr geht es also um das landestypische Arbeitsverhalten im Durchschnitt, das in *„…bestimmte Grundüberzeugungen und Realitätsauffassungen…"*[28] auch überregional auf Landesebene geteilt wird.

2.3.1 Arbeitskulturelle Aspekte im Vergleich

Die Gegenüberstellung der Arbeitskulturen von Deutschland, den USA und Ost-Mitteleuropa basiert u. a. auf den Ergebnissen der GLOBE-Studie[29] 2004 von Robert J. House. Die angegebenen Prozentualwerte geben den Grad der Übereinstimmung mit dem jeweiligen Item im Vergleich zu den Nationen mit höchster bzw. niedrigster Übereinstimmung an. Die beschriebenen Unterschiede sollen dadurch lediglich zahlenmäßig untermauert werden.

---

[26] Vgl. Lewis (2006), S. 27 ff.; vgl. Lewis (2000), S. 52 ff.
[27] Vgl. eu-community.daad.de (2008a-d), Online; vgl. Lewis (2006), S. 42.
[28] Lewis (2000), S. 12.
[29] Die GLOBE-Studie (Global Leadership and Organizational Behaviour Effectiveness research program) wurde 1993 von Robert J. House initiiert. Ziel des weltweiten Forschungsprogramms ist es, die Zusammenhänge von Gesellschaftskulturen, Organisationskulturen und Führung zu erfassen und abzubilden. Beteiligt sind dabei insgesamt 170 Management- und Sozialwissenschaftler aus 62 Ländern. [House et al. (2004), S. XV.]

Zukunftsorientierung

Zu Darst. 1: Kulturen mit einer deutlichen Zukunftsorientierung sind als dynamisch zu bezeichnen. Signifikante Merkmale sind beispielsweise die Fokussierung von Trends, Chancen und Potenzialen, gemäßigter Konsum mit hohen Sparquoten und die umfassende strategische Planung der Zukunft ausgerichtet an zukünftigem Erfolg. Statische Kulturen leben dagegen vergangenheitsorientiert. Sie legen besonderen Wert auf Tradition und den Respekt vor Älteren; Veränderungen werden differenziert betrachtet und müssen durch Erfahrungen in der Vergangenheit gerechtfertigt werden. Gegenwartsorientierung bedeutet einen wesentlich höheren Grad an Flexibilität und geringe Berechenbarkeit. [30]

Zukunftsorientierung		
Deutschland	**USA**	**Ost-Mitteleuropa**
Überdurchschnittliche Zukunftsorientierung mit Fokus auch auf der ferneren Zukunft. Deutsche Unternehmen erstellen z. B. Jahresberichte.	Überdurchschnittliche Zukunftsorientierung mit Fokus auf der nahen Zukunft. Amerikanische Unternehmen erstellen z. B. Vierteljahresberichte.	Hohe Vergangenheitsorientierung; in Ost-Mitteleuropa wird mehr Wert auf Vergangenes und Tradition gelegt. Familie und Freunde haben einen besonderen Stellenwert.
→ GLOBE: **Zukunftsorientierung 63%**	**→ GLOBE:** **Zukunftsorientierung 58%**	**→ GLOBE: Polen** **Zukunftsorientierung 11%**
Vermeidung von Ungewissheit ist stark ausgeprägt: Über eine Vielzahl von Gesetzen, Regelungen und konsequente Strafverfolgung wird versucht Sicherheit zu schaffen. Deutsche entwickeln gerne Strategien und versuchen bei der Planung alle Eventualitäten zu erfassen.	Vermeidung von Ungewissheit ist unterdurchschnittlich ausgeprägt. Dies zeigt sich z. B. bei Vertragsabschlüssen: Auch wenn die Details noch nicht geklärt sind, werden Verträge geschlossen. Nachträgliche Änderungen werden einkalkuliert und akzeptiert.	Hohe Akzeptanz von Ungewissheit liegt in der Geschichte vieler Teile Ost-Mitteleuropas, welche häufig unkalkulierbar einer Fremdherrschaft ausgesetzt war. Das Arbeitsleben basiert auf kurzfristiger Planung, Improvisation und kreativen teils pragmatischen Fähigkeiten.
→ GLOBE: **Ungewissheitsvermeidung 94%**	**→ GLOBE:** **Ungewissheitsvermeidung 51%**	**→ GLOBE: Polen** **Ungewissheitsvermeidung 30%**

Darst. 1: Zukunftsorientierung [Quelle: Eigene Darstellung in Anlehnung an Sawitzki (2007), S. 70 ff.; an Lewis (2006), S. 285; sowie an House et al. (2004), S. 304, 622.]

---

[30] Vgl. Sawitzki (2007), S. 68 f.; vgl. Adler (2002), S. 31 f.

Leistungsorientierung

Zu Darst. 2: Die Leistungsorientierung eines Kulturkreises bezeichnet die Intention bzw. das Bedürfnis externe Standards zu erreichen und dabei einem bestimmten Maßstab zu entsprechen. Sie äußert sich durch die Einsatzbereitschaft insb. in herausfordernden Situationen und dem individuellen Streben nach der Erweiterung von Wissen, Fähigkeiten und Fertigkeiten.[31] Der Begriff der Leistung bezieht sich dabei ebenso auf den Arbeitseinsatz (Ressourcen, Verhalten und Aktivitäten) wie auf das Arbeitsergebnis (Resultate).[32]

Leistungsorientierung		
Deutschland	**USA**	**Ost-Mitteleuropa**
Deutsche sind überdurchschnittlich leistungsorientiert.	Amerikaner verfügen nach den Schweizern über die zweithöchste Leistungsorientierung.	Ost-Mitteleuropäer sind weniger leistungsorientiert als Deutsche und Amerikaner. Dies rührt vermutlich noch aus der Historie.
→ GLOBE: Leistungsorientierung 60%	**→ GLOBE: Leistungsorientierung 74%**	**→ GLOBE: Polen Leistungsorientierung 40%**
Hohe Zeitfixierung: Pünktlichkeit ist wesentlich. Arbeitszeit wird mit Erfolg gleichgesetzt. Monochromes Zeitverständnis zwingt zur schrittweisen Erledigung einzelner Aufgaben und genauen Terminierung.	Sehr hohe Zeitfixierung: time is money! „Profitorientierung" Arbeitszeit wird mit Erfolg gleichgesetzt. Monochromes Zeitverständnis zwingt zur schrittweisen Erledigung einzelner Aufgaben und genauen Terminierung sowie „Deadlines".	Ost-Mitteleuropäer haben zwar ein entspannteres Verhältnis zur Zeit, legen jedoch Wert auf Pünktlichkeit. Tendenziell sind sie eher polychrom und erledigen mehrere Aufgaben zur gleichen Zeit ohne Stress zu empfinden. Genaue Terminplanung ist unüblich.
Gleichstellung im Beruf laut Gesetz AGG → aber Abweichungen in Zahl, Einkommen und Chancen	Ausgeprägte Gleichstellung im Beruf per Gesetz (Antidiskriminierung) → Diversity	Ausgeprägte Gleichstellung der Frau (auch in Top-Positionen)

Darst. 2: Leistungsorientierung [Quelle: Eigene Darstellung in Anlehnung an eu-community.daad.de (2008a-c), Online; an Sawitzki (2007), S. 125 ff.; an Lewis (2006), S. 53 ff.; sowie an House et al. (2004), S.250.]

---

[31] Vgl. Sawitzki (2007), S. 125.
[32] Vgl. beispielsweise Schedler (2005), S. 11; sowie lexikon.meyers.de. (2008), Online.

Zielsetzung und Arbeitsweise

Zu Darst. 3: Die Dimension Zielsetzung und Arbeitsweise beschreibt die Art und Weise, wie ein Kulturkreis typischerweise seine Ziele definiert und diese anstrebt.[33] Die Herangehensweise an neue Herausforderungen, nationale und internationale Geschäftsverhandlungen sowie der Umgang mit Daten und Fakten stehen dabei im Vordergrund der Betrachtung.

Zielsetzung und Arbeitsweise		
Deutschland	**USA**	**Ost-Mitteleuropa**
Zielvorgaben richten sich an der Ist-Situation aus, um realistisch die mögliche Verbesserung einschätzen zu können. Niederlagen wirken demotivierend, daher sollten Ziele auch erreichbar sein.	Amerikaner orientieren sich an einer Vision und konkretisieren danach ihre Zielvorgaben. Für Deutsche erscheinen diese Ziele häufig unmöglich erreichbar. Niederlagen stellen keine Demotivation dar, da Teilziele erreicht und Erfahrungen generiert werden konnten.	Da Ost-Mitteleuropäer Ziele gerne auf unterschiedlichen Wegen verfolgen, sind so konkrete Zielvorgaben wie in Deutschland nicht notwendig. Niederlagen und Widrigkeiten begegnen sie gleichmütig; sie wirken sich nicht demotivierend aus.
Sehr hohe Datenorientierung: Entscheidungen basieren auf gewissenhaften Recherchen und umfangreichen Datenbasen.	Hohe Datenorientierung: Insgesamt jedoch weniger detailreich als bei Deutschen.	Datenorientierung mit dialogorientierten Tendenzen: Neben Fakten sind auch Beziehungen zum Sammeln von Informationen von Bedeutung.
Fakten > Meinungen Logik > Gefühl	Fakten > Meinungen Logik > Gefühl	Fakten ≥ Meinungen Logik ≥ Gefühl
Sachliche, detailreiche Präsentationen, die den Gesamtkontext abbilden: Deutsche möchten auch zeigen bzw. erfahren, was nicht geht und warum.	Präsentationen haben einen hohen Unterhaltungsgrad und sind mit zahlreichen Superlativen gespickt. Details interessieren nicht, sondern pragmatische Problemlösung.	Sachlich-seriöse und detailreiche Präsentationen werden bevorzugt und pragmatische Problemlösungen sollten angeboten werden.
Kennzeichnend: • bewahren & strukturieren • umfassende Detailplanung • ordnungsliebend • perfektionistisch (verkomplizierend) • Neues kritisch hinterfragen • problemorientiert	Kennzeichnend: • action & change • keine Detailplanung, daher sehr flexibel: trial and error • hohe Handlungsorientierung und Aktionismus • wenig kritisch • lösungsorientiert	Kennzeichnend: • keine Detailplanung aber Detailkenntnisse • sehr flexibel, Improvisation (kann zu Mängeln führen) • zielorientiert • rationell • lösungsorientiert

Darst. 3: Zielvorgaben und Planung [Quelle: Eigene Darstellung in Anlehnung an eu-community.daad.de (2008a-c), Online; an Sawitzki (2007), S. 136 ff.; sowie an Lewis (2006), S. 50 ff., 282 ff.]

---

[33] Vgl. Sawitzki (2007), S. 136 ff.

Motivationsstruktur

Zu Darst. 4: Die Motivationsstruktur ist an vielen Punkten eng mit den anderen aufgeführten Dimensionen verknüpft. Sie beschreibt die intentionalen Hintergründe für das Erbringen oder die Verweigerung von Leistung, die typische Arbeitsweise und den Grad der Zukunftsorientierung, die sich aus den jeweiligen kulturellen Wertvorstellungen und Einstellungen ergeben.

Motivationsstruktur		
Deutschland	**USA**	**Ost-Mitteleuropa**
Besondere Werte: • sachorientiert • risikoorientiert • offen und direkt • gewissenhaft • Loyalität aufgrund moralischer Verpflichtung	Besondere Werte: • sachorientiert • chancenorientiert (Pioniere) • sehr offen und direkt • pragmatisch • Nutzenorientierung	Besondere Werte: • beziehungsorientiert • tendenziell risikoorientiert • wenig direkt (eher subtil) • pragmatisch • Loyalität aufgrund persönlicher Verbindung
Gute geschäftliche Kontakte können zur langfristigen moralischen Bindung führen → hohe Loyalität zu Kunden, Geschäftspartnern, Mitarbeitern, dem Unternehmen, aber auch Freunden gegenüber.	Auch längere gesch. Kontakte haben keine Tiefe und halten nur über Leistung und Gegenleistung → Fixierung auf Verhandlungsziele (persönlicher Kontakt nur weil er der Zielerreichung dient) und eigenen Nutzenvorteil	Erst wenn eine persönliche Beziehung hergestellt ist, kann Vertrauen auch im Geschäftlichen aufgebaut werden. Aus offiziellen Beziehungen sollen langfristige Freundschaften entstehen.
Eher individualistisch: Deutsche sind weniger gute Teamplayer, weil sie sehr daran Interessiert sind, ihre gut durchdachte Meinung durchzusetzen.	Sehr individualistisch: Amerikaner sind weniger gute Teamplayer, da Erfolg individuell gewürdigt werden soll. Gleichzeitig zeigen sich Amerikaner nach außen sehr konform.	Hoher „In-Group-Kollektivismus" deutet auf starken Zusammenhalt in Gruppen (insb. Familien). Die junge Generation orientiert sich zunehmend am Westen und entwickelt mehr Eigenverantwortung.
→ **GLOBE:** **In-Group-Kollektivismus 17%**	→ **GLOBE:** **In-Group-Kollektivismus 25%**	→ **GLOBE: Polen** **In-Group-Kollektivismus 70%**
Das Verstehen des Gesamtkontextes hat Priorität. So sind Deutsche zwar an der Durchsetzung ihrer Interessen interessiert, wollen jedoch zunächst alle Details kennen. Sie treffen Entscheidungen erst nach gründlichen Analysen.	Amerikaner zeigen eine deutliche Abschlussorientierung. Sie streben danach, ihre Interessen durchzusetzen und gehen damit direkt, offen und gleichzeitig freundlich um. Details spielen bei der Entscheidungsfindung keine entscheidende Rolle.	Ost-Mitteleuropäer sind weniger direkt als Amerikaner und Deutsche; dies hängt u. a. mit der ausgeprägteren Beziehungsorientierung zusammen. Bei der Wahrung individueller Interessen wird diplomatisch vorgegangen.

Darst. 4: Motivationsstruktur [Quelle: Eigene Darstellung in Anlehnung an eu-community.daad.de (2008a-c), Online; an Sawitzki (2007), S. 84 ff.; an Lewis (2006), S. 224 ff.; sowie an House et al. (2004), S. 469.]

Machtdistanz und Führung

Zu Darst. 5: Macht stellt sich als Möglichkeit und Intensität der Einflussnahme auf das Denken und Verhalten Anderer dar. Die Machtdistanz (auch Machtgefälle) beschreibt das Ausmaß, in welchem die Mitglieder eines Kulturkreises das vorherrschende Machtgefüge und die ungleiche Verteilung von Macht akzeptieren.[34] Führung, im betriebswirtschaftlichen Kontext, bezeichnet die zielgerichtete Einflussnahme auf Menschen und ihr Verhalten.[35] Der Führungsstil beschreibt regelmäßig wiederkehrende Muster im Führungsverhalten, welches charakteristisch bei einer Mehrzahl von Führungskräften zu beobachten ist.[36] Hierbei ist eine Korrelation zwischen Machtdistanz und präferiertem Führungsstil erkennbar. Eine hohe Machtdistanz geht häufig mit einem autoritären Führungsstil einher und umgekehrt.

Machtdistanz und Führung		
Deutschland	**USA**	**Ost-Mitteleuropa**
Die Machtdistanz ist eher gering ausgeprägt. Die Hierarchien orientieren sich am Leistungsprinzip und sind zunehmend flacher ausgerichtet.	Machtdistanz hängt von der Hierarchieebene ab; ist jedoch im intern. Vergleich gering. Hierarchien sind flach und orientieren sich am Leistungsprinzip.	Machtdistanz ist höher als in Deutschland und den USA; Hierarchien sind wesentlich stärker ausgeprägt - häufig nach Senioritätsprinzip.
Kritik erfolgt auf der Sachebene Top-down, aber auch Bottom-Up.	Kritik erfolgt auf der Sachebene sowohl Top-down und als auch Bottom-Up; sollte aber generell sanfter formuliert werden, als in Deutschland üblich.	Kritik erfolgt Top-down und wird eher beiläufig (indirekt) geäußert. Eine Trennung zwischen persönlicher und sachlicher Kritik erfolgt kaum.
In Deutschland hat die Herkunft eine hohe Bedeutung; akademischer Grad und Titel werden gerne hervorgehoben und finden sich auf Visitenkarten wieder. Der Neidfaktor bezogen auf Titel aber auch Leistungen ist erheblich.	Definition der eigenen Person erfolgt über Arbeit und Erfolg; lediglich Titel, die mit der Position in einem Unternehmen zusammenhängen werden gerne hervorgehoben und neidlos akzeptiert.	Akademischer Grad und Titel werden gerne hervorgehoben und neidlos anerkannt. Ausnahme: In Ungarn ist die Anrede mit Titel aufgrund kollegialer Personalführung tabu.
Führung in Deutschland ist vor allem aufgabenorientiert und wenig personenorientiert. Dabei ist das Top-Management durch eine Vielzahl gesetzlicher und betrieblicher Regelungen reglementiert.	Top-Management führt sehr autokratisch und ist nur wenig reglementiert. Führung wird nicht in Frage gestellt. Das mittlere Management ist wesentlich personenorientierter und führt eher kooperativ.	Führung ist äußerst dominant und wird nicht in Frage gestellt. Die Personenorientierung in der Führung ist trotz hoher Beziehungsorientierung aufgrund der hierarchischen Strukturen gering.
Partizipation hat in Deutschland Tradition. Im Rahmen der Unternehmensmitbestimmung erfolgt die Mitbestimmung über interne / externe Kontrollorgane. Auch auf direkte Entscheidungspartizipation wird Wert gelegt.	Eine hohe Eigenverantwortung im Privaten und Beruflichen ist in den USA geschichtlich begründet. Allerdings ist die Mitbestimmung weniger weit ausgebaut als in deutschen Unternehmen.	In den Entscheidungsprozess des Managements werden Mitarbeiter selten einbezogen; Eigenverantwortlichkeit und Selbstständigkeit auf Mitarbeiterebene sind noch nicht üblich, entwickeln sich jedoch in der jüngeren Generation.

Darst. 5: Machtdistanz und Führungsstil [Quelle: Eigene Darstellung in Anlehnung an eu-community.daad.de (2008a-c), Online; an fokus.de (2008), Online; sowie an Holtbrügge (2007), S. 49 f.; an Sawitzki (2007), S. 94 ff.; an Thom (2003), S. 15; auch an House et al. (2004), S. 539.]

---

[34] Vgl. Sawitzki (2007), S. 94 f.; vgl. House et al. (2004), S. 513.
[35] Vgl. Siedenbiedel (2008), S. 3.
[36] Vgl. Siedenbiedel (2008), S. 15; vgl. Macharzina/Wolf (2005), S. 566.

Kommunikation

Zu Darst. 6: Kommunikation umfasst sowohl verbale als auch nonverbale Aspekte, die sich je nach Kulturkreis erheblich unterscheiden können. Sie verbindet Menschen im privaten und beruflichen Kontext miteinander und ermöglicht erst das Zusammenleben bzw. die Zusammenarbeit. Da Kommunikationspartner jedoch nicht immer mit den gleichen Voraussetzungen miteinander in Kontakt treten, kommt es immer wieder zu Missverständnissen. Daher ist beispielsweise in der Teamarbeit eine gemeinsame Kommunikationsebene Voraussetzung für die erfolgreiche Gestaltung eines Projektes.

Kommunikation		
Deutschland	**USA**	**Ost-Mitteleuropa**
Sachorientiert → direkter und sachorientierter Kommunikationsstil: Deutsche schätzen Klarheit und Offenheit, wollen aber den gesamten Kontext erklären. Kritik wird offen geäußert.	Sachorientiert → direkter und sachorientierter Kommunikationsstil: Sehr freundlich im Vergleich zur deutschen Sprache, aber oberflächlich. Sie sagen klar, was sie (nicht) wollen.	Beziehungsorientiert → indirekte, subtile und implizite Kommunikation: Kritik wird beispielsweise über Fragen geäußert. Direktheit wird als unhöflich empfunden
Humor gehört nicht in den beruflichen Kontext, sondern in den privaten Bereich (auch mit Geschäftspartnern).	Humor (gerne Ironie) gehört auch im Geschäftsleben zur Kommunikation. Amerikaner sind sehr schlagfertig.	Humor hat im privaten und beruflichen Alltag eine große Bedeutung. Ost-Mitteleuropäer wollen so die Stimmung lockern und vermeiden, anderen vor den Kopf zu stoßen.
Hoher „Wohlfühlabstand" von ca. 1 Armlänge; Berührungen sind selten	Hoher „Wohlfühlabstand" von ca. 2 Armlängen; Berührungen sind selten	Geringerer „Wohlfühlabstand" nach erstem Kennenlernen; Berührungen sind häufiger
Deutsche setzten Mimik und Gestik weit weniger ein, als viele andere Kulturkreise.	Längerer Augenkontakt kann als unhöflich gelten (insb. zwischen Männern und Frauen). Gestik und Mimik dienen der Unterstützung der Showeffekte.	Ost-Mitteleuropäer legen Wert auf Körpersprache und intensiven Augenkontakt. Gestik und Mimik dienen der Unterstreichung des Gesagten.
Konfliktvermeidung durch Aufrechterhaltung einer formalen Distanz: „Sie" statt „Du".	Konfliktvermeidung durch Ausgleich von Meinungsunterschieden.	Konfliktvermeidung durch Betonung von Harmonie auf der Beziehungsebene.

Darst. 6: Kommunikation [Quelle: Eigene Darstellung in Anlehnung an Sawitzki (2007), S. 144 ff.; sowie Thom (2003), S. 15 f.; sowie eu-community.daad.de (2008a-c), Online; vgl. Seer (2003), Online.]

2.3.2 Besonderheiten der Kulturprofile

Auf den ersten Blick ähneln sich Deutsche, Amerikaner und Ost-Mitteleuropäer in ihrem Verhalten. Die vorangegangene Vergleichsanalyse konnte jedoch aufzeigen, wie sehr sie sich in ihren grundlegenden Werten und Einstellungen unterscheiden. Entlang der sechs Dimensionen zeichnet sich ein konkretes Bild der drei unterschiedlichen Kulturkreise ab, welches so auch auf den beruflichen Kontext übertragen werden kann.

Deutschland

In der deutschen Kultur werden Ziele überwiegend mittel- bis langfristig geplant. Die Erreichbarkeit des Ziels muss stets gewährleistet werden können. Dabei liegt der Fokus eher auf zukunftsorientierten Präventivmaßnahmen als auf kurzfristigen Problemlösungen.

Die Loyalität deutscher Mitarbeiter äußert sich in langfristigen Bindungen zum Unternehmen und ist auch im privaten Bereich erkennbar. Im Rahmen einer eher aufgabenorientierten Führungskultur werden Leistungen und Erfolge in den Mittelpunkt gestellt. So folgen daher auch die hierarchischen Strukturen dem Leistungsprinzip. Gefördert werden diese Einstellung und dieses Verhalten durch eine stark individualistische Prägung, die zudem das Arbeiten in Teams erschwert.

Die Zusammenarbeit mit dem amerikanischen Kulturkreis wird durch eine ebenfalls sachorientierte direkte Art der Kommunikation gefördert. Eher personenorientierte Kulturen, wie auch Ost-Mitteleuropa, empfinden dies dagegen häufig als unhöflich.

Deutsche gehen systematisch, strukturiert und zielorientiert an neue Aufgaben heran. Die hohe Ungewissheitsvermeidung deutet auf äußerst gewissenhafte und detailreiche Planung, die sich wiederum begrenzend auf die Flexibilität und die Innovationsfähigkeit auswirken kann.

USA

Amerikaner sind zumeist an einer kurzfristigen und pragmatischen Problemlösung interessiert. Zwar sind sie grundsätzlich zukunftsorientiert, dies bezieht sich jedoch eher auf die nächsten Monate – nicht Jahre.

Im Vergleich zu Deutschland fällt die Loyalität der Mitarbeiter wesentlich geringer aus. Dies kann zum einen mit dem lockeren Kündigungsschutz[37] in den USA zusammenhängen. Zum anderen können aber auch die überdurchschnittlich hohe Leistungsorientierung und der ausgeprägte Individualismus eine entscheidende Rolle spielen. Leistung ist elementar und steht über allem. Demnach muss für alle Maßnahmen, die es zu bewilligen gilt, auch ein konkreter Nutzen (in Zahlen) belegt werden können. Eine sachorientierte und sehr direkte Kommunikation spiegelt dies.

Als hemmend könnte sich die hohe Handlungsorientierung der Amerikaner erweisen, die in unkritischen Aktionismus ausschlagen kann. Zwar entstehen viele (innovative) Trends in den USA, werden jedoch in ihrer anschließenden Umsetzung möglicherweise nur unzureichend hinterfragt.

---

[37] In den USA gilt das Prinzip „employment at will". Der Arbeitgeber kann jeden Arbeitnehmer jederzeit kündigen, sofern keine Gesetze (z. B. Antidiskriminierungsgesetze) verletzt werden. [Vgl. Pfaeffle (2002), Online.]

Ost-Mitteleuropa

Die wesentlich geringere Zukunfts- und Leistungsorientierung in Ost-Mitteleuropa lässt auf ein marginal ausgeprägtes Interesse an mittel- bis langfristiger Planung schließen.

Hierarchie bildet sich nach dem Senioritätsprinzip und bedeutet eine höhere Machtdistanz als in Deutschland oder den USA üblich. Die Eigenverantwortung und Selbstständigkeit der Mitarbeiter unterer Hierarchiestufen ist äußerst gering entwickelt. Ost-Mitteleuropäer sind weniger individualistisch und eher personenorientiert – zugunsten ihrer Teamfähigkeit. Loyalität ist vor allem an Personen und Gruppen gebunden, vermutlich weniger an das Unternehmen.

In ihrer Kommunikation sind sie indirekt und vermeiden es offen Kritik zu üben. Im Unternehmen geschieht dies daher i. d. R. nur Top-down.

Der geringe Grad an Ungewissheitsvermeidung wirkt sich insgesamt begrenzend auf die Planungssicherheit im osteuropäischen Sektor aus. Langfristig angesetzte Projekte werden daher vermutlich nicht bis ins Detail geplant, so dass Raum für improvisierte und pragmatische Adhoc-Lösungen bleibt. Hierbei können sich die zugesprochene Innovationsfähigkeit und umfangreiche Experimentierfreude[38] vorteilhaft auswirken.

Allerdings ist anzunehmen, dass sich der Trend, sich dem Westen Europas anzupassen, auch auf einige der beschriebenen Verhaltensweisen auswirken wird. Für die Zusammenarbeit mit germanischen und angloamerikanischen Kulturen werden u. a. Eigenverantwortung und Selbstständigkeit, Planungsfähigkeit und –sicherheit sowie Kritikfähigkeit zukünftig gestärkt werden müssen.

2.4 Bildungssysteme: Basis der Personalentwicklung

In der Personalentwicklung geht es pauschal betrachtet zunächst darum, einen sog. Fit zwischen den Anforderungen eines Unternehmens und den Fähigkeiten und Fertigkeiten seiner Mitarbeiter herzustellen (für eine umfassendere Definition sei auf Kapitel 3.2 verwiesen). Somit stellt sich der persönliche und individuelle Bildungsstand des einzelnen Mitarbeiters als Ausgangsbasis für Inhalt, Umfang und Methode der PE-Maßnahmen dar. Dieser Bildungsstand ist auf die individuelle Bildungskarriere zurückzuführen, die stark mit den Möglichkeiten im jeweiligen Bildungssystem korreliert. Daher werden nachfolgend der Aufbau der Bildungssysteme in den Regionen Deutschland, USA und Ost-Mitteleuropa beschrieben, die institutionellen Besonderheiten abgebildet und mögliche Auswirkungen auf die Personalentwicklung in Unternehmen mit Niederlassungen in den drei ausgewählten Standortregionen aufgezeigt.

---

[38] Beide Eigenschaften sind auf die geringe Vermeidung von Ungewissheit zurückzuführen. [Vgl. House et al. (2004), S. 602 ff.]

2.4.1 Bildungssysteme im Vergleich

Bei der Auseinandersetzung mit den Bildungssystemen der Regionen Deutschland, USA und Ost-Mitteleuropa fällt als erstes die rechtliche Regelung der Bildungspolitik auf. In Ost-Mitteleuropa wird Bildung auf nationaler Ebene beschlossen und umgesetzt. Im föderalistischen Deutschland besteht zwar eine einheitliche Grundstruktur, grundsätzlich wird das Thema Bildung jedoch auf Landesebene geregelt[39]. Den Bundesländern obliegt hier eine Teilsouveränität. Ähnlich verhält es sich in den USA, wo ebenfalls die einzelnen Bundesstaaten für ihr lokales Bildungssystem zuständig sind[40]. Aufgrund der Vielzahl unterschiedlicher Regelungen werden daher nachfolgend die jeweiligen Grundstrukturen, ohne Berücksichtigung etwaiger landesinterner Unterschiede, miteinander verglichen. Für die Region Ost-Mitteleuropa soll exemplarisch das Bildungssystem von Polen beschrieben werden; lediglich relevant erscheinende Besonderheiten innerhalb Ost-Mitteleuropas werden zusätzlich aufgezeigt.

Die Grundstruktur der Bildungssysteme lässt sich in vier bzw. fünf Bildungsbereiche[41] untergliedern: Primarbereich, Sekundarbereich I + II, Tertiärbereich sowie den Bereich der Weiterbildung[42]. Um trotz umfangreicher und ausführlicher Abbildung eine Übersichtlichkeit und folglich auch Vergleichbarkeit gewährleisten zu können, wurden für jeden Bildungsbereich unterschiedliche Dimensionen entwickelt, anhand derer die drei Bildungssysteme miteinander verglichen werden konnten. Die detaillierten Ergebnisse des Vergleichs der Bildungssysteme können im Einzelnen den nachfolgenden Tabellen entnommen werden.

---

[39] Vgl. Lohmar/Eckhardt (2007), S. 32.
[40] Vgl. spd-bildungsserver.de (2008), Online.
[41] Der Elementarbereich (Kindergärten und Tagesstätten) soll in diesem Zusammenhang vernachlässigt werden.
[42] Vgl. Hippach-Schneider et al. (2007), S. 22; vgl. Kogan (2008), S. 7 ff.; vgl. Münch (1989) S. 21.

	Bildungsbereich	Deutschland	USA	Ost-Mitteleuropa (Bsp. Polen)
Primarbereich	Bildungseinrichtung	Grundschule	Elementary School	Grundschule
	Ausbildungsdauer	4 Jahre für Kinder ab 6 (Klasse 1-4)	6 Jahre für Kinder ab 6 (Klasse 1-6)	6 Jahre für Kinder ab 7
	Teilnahme	Vollzeitunterrichtspflicht	Vollzeitschulpflicht	Vollzeitschulpflicht
	Besonderheiten	Schulsystem ist Ländersache und daher nicht einheitlich geregelt	Privater Unterricht durch Eltern oder Privatlehrer ist möglich (Home Schooling) Schulsystem ist Ländersache und daher nicht einheitlich geregelt	2-stufiges Grundschulsystem: Stufe 1 – integrierter Anfangsunterricht Stufe 2 – fächerübergreifender Unterricht Am Ende der Klasse 6 muss eine Kompetenzprüfung abgelegt werden
Sekundarstufe I (Sek I)	Bildungs-einrichtungen	Dreigliedriges Schulsystem • Hauptschule • Realschule • Gymnasium (Mittelstufe) → An Gesamtschulen werden Leistungsunterschiede über Kurssysteme aufgefangen	Gesamtschulsystem Junior High School	Gesamtschulsystem Gymnasium
	Ausbildungsdauer	• 5 Jahre (bis Klasse 9) • 6 Jahre (bis Klasse 10) • 6 Jahre (bis Klasse 10)	3 Jahre (bis Klasse 9)	3 Jahre (bis Klasse 9)
	Bildungsziel	• Grundlegende allg. Bildung • Erweiterte allg. Bildung • Erweiterte allg. Bildung	Grundlegende allg. Bildung Soziales Lernen (gefördert durch das Ganztagsschulsystem)	Erweiterte allg. Bildung
	Abschluss	• Hauptschulabschluss • Realschulabschluss • Sekundarabschluss I	Keine Trennung von Sek I und Sek II, daher kein Abschluss, sondern direkter Übergang in Senior High School	
	Teilnahme	Vollzeitunterrichtspflicht	Vollzeitschulpflicht	Vollzeitschulpflicht (i. d. R. bis zum 16. Lebensjahr)
	Besonderheiten	5. und 6. Klasse (Orientierungsstufe) dienen der Einschätzung der Leistungsfähigkeit zur anschließenden Einordnung in das dreigliedrige Schulsystem	Home Schooling möglich	Schuleignungsprüfung am Ende von Klasse 9 in humanistischen und mathematisch-naturwissenschaftlichen Fächern

Darst. 7: Vergleich der Bildungssysteme Teil 1 [Quelle: Eigene Darstellung in Anlehnung an Baranowska (2008), S. 272 ff.; an bpb.de (2008a), Online; an ed.gov (2008), Online; sowie an Hippach-Schneider et al. (2007), S. 23 ff.; an Lohmar/Eckhardt (2007), S. 34 ff.; auch an Münch (1989), S. 20 ff.]

Bildungsbereich	Deutschland	USA	Ost-Mitteleuropa (Bsp. Polen)

Bildungs-einrichtungen	• Gymnasium (Oberstufe)
	• Berufsbildende Schulen
	• Duale Ausbildung
		Gesamtschulsystem
		Senior High School
		(Je nach Berufswunsch können zusätzlich Berufsbildungszentren besucht werden)
			Mittelschulen
			• Profiliertes Lyzeum:
			    · Technisches Profil
			    · Berufliches Profil
			    · Allgemeinbildendes Profil
			• Berufsschule

Ausbildungsdauer	• 2-3 Jahre (Klasse 12/13) • 1-3 Jahre (zielabhängig) • i. d. R. 3 Jahre	3 Jahre (Klasse 12)	• Jeweils 3 Jahre • 2 Jahre
Bildungsziel	• vertiefte allg. Bildung mit allg. Hochschulreife • Erweiterung der allg. Bildung und Ausbildungsvorbereitung oder Berufsausbildung (schulisch) • Erweiterung der allg. Bildung und Berufsausbildung (praktisch im Betrieb und schulisch)	• Erweiterte allg. Bildung • Sehr freie Wahl zwischen allgemeinbildenden und berufsbildenden Kursen an allen High Schools möglich. • Erweiterung des High-School-Angebots im Bereich der beruflichen Bildung durch sog. Berufsbildungszentren	• vertiefte allg. Bildung in unterschiedlichen Schwerpunkten • theoretisch-schulische Berufsausbildung
Abschluss	• Abitur / allg. Hochschulreife • zielabhängig • Berufsqualifizierender Abschluss als Fachkraft oder Assistent in anerkanntem Ausbildungsberuf	High School Diploma: formale Studienberechtigung • academic or general (allgemein) • vocational (berufsbildend) • technical (berufsbildend)	• Abitur: formale Studienberechtigung • Facharbeiterqualifikation in breitprofiligen Berufen
Teilnahme	• Vollzeitunterrichtsflicht • Vollzeitunterrichtsflicht • Teilzeitunterrichtspflicht	Vollzeitschulpflicht	Keine Schulpflicht
Besonderheiten	Duales Ausbildungssystem ermöglicht eine äußerst praxisorientierte Berufsausbildung	• High School Diploma ist nicht automatisch Hochschulzugangsberechtigung • Berufliches Ausbildungssystem ist überwiegend vollzeitschulisch mit geringem berufspraktischem Anteil organisiert • Home Schooling möglich	• Abitur ist nicht automatisch Hochschulzugangsberechtigung • Berufliches Ausbildungssystem ist überwiegend vollzeitschulisch mit geringem berufspraktischem Anteil organisiert

Darst. 8: **Vergleich der Bildungssysteme Teil 2** [Quelle: Eigene Darstellung in Anlehnung an Baranowska (2008), S. 272 ff.; an bpb.de (2008a-b), Online; an ed.gov (2008), Online; sowie an Hippach-Schneider et al. (2007), S. 25 ff.; an Lohmar/Eckhardt (2007), S. 104 ff.; auch an Münch (1989), S. 37 ff.]

Bildungsbereich		Deutschland	USA	Ost-Mitteleuropa (Bsp. Polen)
Tertiärbereich	Bildungs-einrichtungen	• Universitäten und Hochschulen • Fachhochschulen (FH) • Berufsakademien (BA)	• Vocational / Technical Institutions • Community / Junior College • College (undergraduate programms) • Universitäten (undergraduate and graduate programms)	• Universitäten und Hochschulen • Fachhochschule • Postsekundäre Schulen
	Zulassung	• Abitur / allg. oder fachgebundene Hochschulreife • Fachabitur • Fachabitur und Ausbildungsvertrag mit Ausbildungsbetrieb	• keine Zulassungsbeschränkung (kein High School Diplom erforderlich) • High School Diploma und Aufnahmeprüfung zur sprachlichen, mathematischen und naturwissenschaftlichen Begabung (je nach Studiengang und Bildungseinrichtung). Gängige Testverfahren: SAT und ACT • Zulassung zum Masterstudium nur über den Bachelor's Degree	• Abitur und hochschulabhängig zusätzliche Prüfungen, Interviews oder Wettbewerbe (gilt nicht für private Einrichtungen) • Abitur
	Ausbildungsdauer	Abhängig von Fachrichtung, Studienfach und Bildungsweg: 6-12 Semester	• 2 Jahre (auch anrechenbar auf undergraduate programms) • Undergraduate Programms: 4 Jahre • Graduate Programms: 2 Jahre	Abhängig von Fachrichtung und Abschluss: 6-10 Semester
	Bildungsziel	→ Berufsqualifizierender Studienabschluss Je nach Studiengang sind die Praxisanteile unterschiedlich hoch. Das BA-Studium findet unabhängig vom Studienfach in dualer Form an der Berufsakademie und im Ausbildungsbetrieb statt.	• Vertiefung der allg. Bildung und berufliche Qualifikation • Vertiefung der allg. Bildung und ggfs. Vorbereitung auf anschließendes Studium (undergraduate programms) • Undergraduate programms: 2 Jahre Vertiefung der allg. Bildung und 2 Jahre Grundlagenbildung im jeweiligen Studienfach → mit berufsqualifizierendem Studienabschluss • Graduate programms: 2 Jahre Forschungsarbeit im jeweiligen Studienfach → mit berufsqualifizierendem Studienabschluss	

Darst. 9: Vergleich der Bildungssysteme Teil 3 [Quelle: Eigene Darstellung in Anlehnung an Baranowska (2008), S. 277 ff; an arbeitsagentur.de (2008), Online; ebenso an bpb.de (2008a-b), Online; an ed.gov (2008), Online; an educationusa.state.gov (2008), Online; sowie an Hippach-Schneider et al. (2007), S. 32 ff; an Lohmar/Eckhardt (2007), S. 150 ff; auch an Münch (1989), S. 20 ff.]

	Bildungsbereich	Deutschland	USA	Ost-Mitteleuropa (Bsp. Polen)
Tertiärbereich	Abschluss	**Neues System:** Bachelor, Master (konsekutiv), Doktorgrad, Staatsexamen (Jura, Medizin, Lehramt, Pharmazie) **Altes System:** Magister, Diplom, Doktorgrad, Staatsexamen (z. B. in Jura)	Associate Degree, Bachelor's Degree (undergraduates), Master's Degree (graduates), Doctor's Degree	Magister, 3-4-jähriges Berufsstudium mit unterschiedlichen Abschlüssen: • Diplom • Ingenieur • Lizentiat
		Im Rahmen des Bologna-Prozesses soll bis 2010 europaweit ein einheitliches, vergleichbares System von Studienabschlüssen eingeführt werden. 40 Länder stellen ihre Systeme auf das 2-stufige Bachelor- und Mastersystem und ein Leistungspunktesystem (ECTS-Modell) um.		
	Gebühren (durchschnittlich Werte)	**Öffentliche Einrichtungen:** 0-500 € pro Semester, abhängig von Bundesland, Studiendauer, Erst- oder Zweitstudium **Private Einrichtungen:** 1.500-4.000€ pro Semester	**Öffentliche Einrichtungen:** 6.000-20.000$ gesamt, abhängig davon ob in-state-student oder out-of-state-student **Private Einrichtungen:** 30.000$ gesamt (~24.000€)	**Öffentliche Einrichtungen:** Vollzeit-Regelstudium ist gebührenfrei **Private Einrichtungen:** Bis zu 2.500$ pro Semester
	Besonderheiten	Umstellung des Studiensystems mit dem Ziel der europäischen Angleichung	Dominierender Anteil privater Einrichtungen. Sehr hohe finanzielle Belastung für Student und Familie	Studium ist gebührenfrei
Weiterbildung	Teilnahmestunden an beruflicher Weiterbildung zwischen 25 und 64 Jahren	389 Stunden im Laufe eines typischen Berufslebens	471 Stunden im Laufe eines typischen Berufslebens	Durchschnittlich 200 Stunden im Laufe eines typischen Berufslebens (Polen, Ungarn, Tschechien und Slowakei)
	Teilnahmequote an beruflicher Weiterbildung in einem Jahr	12 % der Beschäftigten nehmen an beruflicher Weiterbildung teil	37 % der Beschäftigten nehmen an beruflicher Weiterbildung teil	Durchschnittlich 10 % der Beschäftigten nehmen an beruflicher Weiterbildung teil

Darst. 10: Vergleich der Bildungssysteme Teil 4 [Quelle: Eigene Darstellung in Anlehnung an Baranowska (2008), S. 277 ff.; an OECD (2008), S. 407 f.; sowie an bmbf.de (2008), Online; an bpb.de (2008b), Online; an studentenwerke.de (2008), S. 7; an Hoffmann (2004), S. 1; auch an Münch (1989), S. 21.]

2.4.2 Besonderheiten der Bildungssysteme

Im Vergleich der Bildungssysteme zeigen sich deutliche strukturelle Unterschiede, welche in den vorhergehenden Tabellen bereits unter dem Kriterium „Besonderheiten" hervorgehoben wurden. Zu diesen wesentlichen Besonderheiten zählen:

- Ländersache vs. Einheitlichkeit der Bildungssysteme
- Gesamtschulsystem vs. dreigliedriges Schulsystem
- Home Schooling in den USA
- Duales Ausbildungssystem in Deutschland
- Umstellung auf Bachelor und Master in Europa
- Hohe Bildungskosten in den USA

Nachfolgend sollen diese Unterschiede ausführlich beschrieben und Annahmen hinsichtlich ihrer Bedeutsamkeit für das Bildungsniveau getroffen werden.

Ländersache vs. Einheitlichkeit der Bildungssysteme

Die föderalistischen Strukturen und hohen Freiheitsgrade einzelner Bundesstaaten hinsichtlich bildungs- und kulturpolitischer Entscheidung bewirken vor allem in den USA z. T. deutliche Abweichungen im nationalen Bildungsniveau[43]. Weniger stark ausgeprägt sind solche Effekte auch in Deutschland zu verzeichnen.

Für Unternehmen bedeutet dies, dass an einem Standort gesammelte Erfahrungen - bezogen auf den Bildungsstand von Mitarbeitern - nicht eins zu eins auf einen anderen Standort im selben Land übertragen werden können. Dies gilt besonders für die Gruppe der Arbeiter, da in dieser regelmäßig eine geringere räumliche Mobilität zu verzeichnen ist, als bei Angestellten unterer und höherer Hierarchiestufen[44]. Folglich kommt es hier auch zu einer geringeren Vermischung der regional bedingten Bildungsniveaus innerhalb eines Landes. Regionale Bildungsgefälle bedürfen im Rahmen der Personalauswahl und -entwicklung besonderer Berücksichtigung. Bereits vorhandene Erfahrungen mit einer Nationalität sollten individuell hinterfragt und regelmäßig überprüft werden.

---

[43] Vgl. kooperation-international.de (2008), Online.
[44] Vgl. Dreves (2001), S. 23 f.

Gesamtschulsystem vs. dreigliedriges Schulsystem

Das Bildungswesen der USA basiert auf dem demokratischen Gleichheitsrundsatz[45], welcher über ein Gesamtschulsystem von der 1. bis zur 12. Klasse umgesetzt wird. In Ost-Mitteleuropa, speziell Polen, besteht bis zur 9. Klasse ein Einheitsschulsystem, dem sich in der Sekundarstufe II unterschiedliche Schultypen (siehe Darst. 8) einschließlich der Berufsschule anschließen. In Deutschland dominiert das dreigliedrige Schulsystem von Haupt-, Realschule und Gymnasium. Das Prinzip der Gesamtschule wird in einigen Bundesländern erprobt, ihr Nutzen immer wieder diskutiert[46]. Vorbilder sind hier laut Pisa-Studie jedoch eher im skandinavischen Raum (Finnland liegt deutlich auf Platz 1 der Pisa-Studie von 2006[47]) zu finden, wo das Konzept der Gesamtschule konstant erfolgreich umgesetzt wird; weniger in den USA[48]. Kritisch zu sehen ist neben den teils extrem abweichenden Bildungsniveaus der einzelnen Bundesstaaten auch die Freiheit, welche den Schülern bei der Auswahl ihrer Fächer zugestanden wird[49]. So kann das High School Diplom über sog. Credits[50] mit Fächerkombinationen unterschiedlichsten Leistungsanspruchs erreicht werden. Eine Vergleichbarkeit der Leistungsfähigkeit und des Bildungsniveaus ist daher selbst innerhalb einer Schule kaum möglich.

Hierbei zeigt sich jedoch ein eher USA-spezifisches Problem, welches vielmehr mit der Umsetzung des Schulsystems zusammenhängt: Den USA wird für den Bildungsbereich der Sekundarstufen ein im Vergleich zur wirtschaftlichen Bedeutung des Landes eher niedriges Bildungsniveau zugesprochen. In der Pisa-Studie „Naturwissenschaften" von 2006 nehmen die USA den 29. Platz von 57 teilnehmenden Ländern ein. Polen, Ungarn und Tschechien finden sich 2006 auf den Plätzen 23, 21 und 15 wieder. Deutschland belegt Rang 13.[51] Die Ergebnisse der Studie lassen die Vermutung zu, dass das Bildungsniveau nicht vom allgemeinen Schultyp, sondern von grundsätzlichen bildungspolitischen Entscheidungen in Bezug auf Bildungsstandards abhängt.

Home Schooling in den USA

Entgegen den engen gesetzlichen Vorschriften zur Schulpflicht in Deutschland ermöglichen die Bundesstaaten der USA das sog. Home Schooling. Auch in Tschechien ist dieses Lehrkonzept seit 2005 erlaubt. Hiernach dürfen die Eltern selbst verantwortlich für die Bildung ihrer Kinder sorgen und diese außerhalb des schulischen Rahmens selbst oder durch Privatlehrer unterrichten. Ein Abschluss kann über standardisierte, staatlich anerkannte Tests und

---

[45] Vgl. spd-bildungsserver.de (2008), Online.
[46] Vgl. Füller (2008), Online.
[47] Vgl. spiegel.de (2007), Online.
[48] Vgl. z. B. Pisa-Studie 2006 und 2003 nach spiegel.de (2007), Online.
[49] Vgl. Münch (1989), S. 20.
[50] Für das High School Diplom wird nach Bundesstaat variierend eine bestimmte Anzahl von Creditpoints verlangt, die für die Teilnahme an und Leistung in Wahl- und Pflichtkursen im Laufe des Bildungsgangs vergeben werden. [Vgl. Münch (1989), S. 25 f.]
[51] Vgl. spiegel.de (2007), Online.

Prüfungen erfolgen. Schätzungsweise werden 2,2-4,5% aller Schüler nicht im staatlichen Schulsystem unterrichtet.[52] Dies muss nicht zwingend einen geringeren Qualifikations- oder Sozialisationsgrad mit sich bringen. Im Gegenteil: In internationalen Studien zum Thema „Home Schooling" zeigte sich sogar eine besonders hohe Leistungsbereitschaft dieser Schüler. Auch der Sozialstatus der Eltern von Home Schooling Students wirkt sich weniger stark aus, als an öffentlichen Schulen.[53] Negative Auswirkungen auf das Bildungsniveau lassen sich nicht eindeutig erkennen.

Duales Ausbildungssystem in Deutschland

Sowohl in den USA als auch in Ost-Mitteleuropa ist das berufliche Ausbildungssystem überwiegend vollzeitschulisch organisiert und enthält nur in geringem Maße praktische Anteile. Deutschlands duale Ausbildung als Kombination von praktischer Ausbildung in einem Lehrbetrieb und theoretischem Unterricht in Berufsschulen nimmt daher eine Sonderstellung im vorliegenden Ländervergleich ein. Nahezu 50% eines Jahrgangs erwerben so ihren berufsqualifizierenden Abschluss[54]. Den Auszubildenden wird der Übergang von der Schule in das Berufsleben erleichtert und sie verfügen i. d. R. über einen hohen Kenntnisstand hinsichtlich betrieblicher Abläufe und Strukturen. Das erleichtert die Rekrutierung geeigneter Fachkräfte; insb. aus den eigenen Reihen. Neben gesellschaftlicher Anerkennung bietet dieses System der Berufsqualifizierung den Betrieben auch reale Produktivkräfte bei geringer Kostenbelastung. Zwar sind die Ausbildungsinhalte gesetzlich geregelt, werden jedoch betriebsspezifisch nach Kooperationsbereitschaft und vorhandenen Möglichkeiten unterschiedlich umgesetzt.[55] Im Ländervergleich bietet die duale Ausbildung somit eine Reihe von Vorteilen für Unternehmen und Auszubildende sowie auch für die lokale Personalentwicklung: konkrete Vorgaben, wie der Prozess der Ausbildung (als teil der PE → „into the job") abzulaufen hat und welche Inhalte vermittelt werden sollten; Unterstützung durch Berufsschulen. Bei Übernahme ist das Leistungspotenzial bzw. der PE-Bedarf des Mitarbeiters bereits erkannt.

Als problematisch kann sich die teilweise unterschiedliche Umsetzung der Ausbildungsinhalte innerhalb eines Lehrberufs auswirken, so dass Auszubildende sich nach ihrer Ausbildung nicht zwingend auf dem gleichen Niveau befinden müssen.

Umstellung der Studienabschlüsse auf Bachelor und Master

Die Umstellung der Studienabschlüsse in bis heute 46 europäischen Nationen zielt auf die Schaffung eines gemeinsamen Hochschulraums in Europa hin. Neben vergleichbaren Abschlüssen (Bachelor und Master) sollen auch die Leistung und das Arbeitspensum der Studie-

---

[52] Vgl. Haseborg (2005), Online.
[53] Vgl. Basham et al. (2007), S. 3.
[54] Vgl. BIBB (2006), S. 24.
[55] Vgl. innovations-report.de (2001), Online.

renden über ein Punktesystem (ECTS - Credits) einheitlich dokumentiert werden können.[56] Beim Vergleich mit Bachelor- und Masterabschlüssen außerhalb Europas (USA, Australien, Kanada etc.) sind jedoch Abweichungen in den Anforderungen zu beachten. Nicht überall wird der gleiche Leistungsstandard – messbar über das jeweilige Punktesystem – angesetzt. Die Umstellung der Studienabschlüsse stellt europäische Unternehmen (insb. Klein- und Mittelständische) vor eine neue Herausforderung: Sie müssen erst Erfahrungen mit Bachelor- und Masterabsolventen sammeln, um deren Bildungsniveau besser einschätzen zu können. Langfristig ist hier jedoch ein deutlicher Vorteil erkennbar: Das Bildungsniveau in Europa wird sich annähern und für Unternehmen wird es in Zukunft zunehmend einfacher dieses auch anhand der Abschlüsse einzuschätzen.

Hohe Bildungskosten in den USA

In den USA erheben alle Universitäten (staatliche und private) Studiengebühren, welche die deutschen Studiengebühren, die bereits in einigen Bundesländern erhoben werden, bei weitem übersteigen. In Ost-Mitteleuropa ist das Regelstudium vollständig gebührenfrei. Toleriert werden die hohen Gebühren, welche an privaten Hochschulen sogar 30.000 $ überschreiten können, aufgrund einer hohen Bildungsprämie in den USA. Diese beschreibt den langfristigen Einkommenszuwachs durch zusätzliche Bildungsinvestitionen. Zudem wird der Investitionsanreiz in die eigene Bildung durch ein breites Angebot an öffentlichen und privaten Fördermaßnahmen, Stipendien und Studentenkrediten gefördert.[57] Die zunächst plausibel erscheinende Annahme, dass hohe Studiengebühren bzw. Bildungskosten die Bildungspartizipation einschränken, kann am Beispiel USA nicht bestätigt werden. Für das deutsche Bildungssystem fehlen derzeit noch entsprechende Erfahrungswerte.

2.5 Zusammenfassung

Zu Beginn dieses Kapitels wurde die Frage aufgeworfen, ob zunehmend globale Strukturen in der Weltwirtschaft auch das Zusammenwachsen unterschiedlichster Kulturkreise zu einer globalen Kultur bedeuten. In diesem Zusammenhang wurden MNU als Hauptakteure und zugleich als Antreiber der wirtschaftlichen Verschmelzung vorgestellt. Ein Fakt, der sich durch die Zunahme an Direktinvestitionen auch in Zahlen belegen lässt. Aus kultureller und institutioneller Perspektive sind zwischen Deutschland, den USA und Ost-Mitteleuropa jedoch markante Differenzierungsmerkmale erkennbar, die das individuelle und kollektive Arbeitsverhalten vor Ort in erheblichem Maße beeinflussen. Von einer globalen Kultur kann demnach derzeit nicht gesprochen werden.

MNU, die in diesen Regionen vertreten sind, sehen sich der Aufgabe gegenüber diese Unterschiede wahrzunehmen und in unternehmerischen Entscheidungen zu berücksichtigen. In der Zusammenarbeit von Deutschen, Amerikanern und Ost-Mitteleuropäern zeigt sich in der

---

[56] Vgl. bmbf.de (2008), Online; hrk.de (2008), Online.
[57] Vgl. Busemeyer (2007), S. 71 f.; vgl. Hoffmann (2004), S. 1.

Kommunikation und der Bewertung von Leistung erhebliches Konfliktpotenzial. Die direkte und sachorientierte Kommunikation sowie ausgeprägte Leistungsorientierung der beiden westlichen Regionen stehen einer indirekten und personenorientierten Kommunikation sowie geringerer Leistungsorientierung in Ost-Mitteleuropa gegenüber.

Allerdings ist in dieser Hinsicht eine schrittweise Annäherung des Ostens an im wirtschaftlichen Zusammentreffen essenzielle westliche Verhaltensweisen anzunehmen. Begründen lässt sich dies durch verschiedene Faktoren. Die wachsende Bedeutung von Ost-Mitteleuropa für deutsche und amerikanische Unternehmen durch Auslandsverlagerungen zwingt die Mitarbeiter zu einer Anpassung an die vorherrschende Unternehmenskultur, die häufig durch die leistungsorientierte Stammlandkultur geprägt ist. Zudem wird dieser Anpassungsprozess auch durch politische Entscheidungen und Projekte gefördert wie beispielsweise dem Bolognaprozess.

Teil 3 Die Kultur der Personalentwicklung

3.1 Überblick

In Teil 2 konnten auf Basis der Vergleichsanalysen ein weit reichendes Bild der drei Kulturkreise gezeichnet und die Besonderheiten herausgestellt werden. Die erkannten kulturellen Unterschiede lassen die allgemeine Folgerung zu, dass eine Erfolg versprechende globale PE-Strategie eines MNU hinsichtlich ihrer Umsetzung und Steuerung Freiräume für den jeweiligen Kulturkreis offen lassen sollte.

Anknüpfend an diese Annahme werden nachfolgend die wesentlichen Unterschiede im Einsatz von PE-Instrumenten in Deutschland, den USA und Ost-Mitteleuropa aufgezeigt. Dabei werden die praktischen Erfahrungen der befragten HR-Experten mit den Ergebnissen der Vergleichsanalysen zusammengeführt und folglich die Ursachen für die wahrgenommenen Unterschiede identifiziert. Auf diesem Weg ergeben sich drei differente PE-Profile.

Zuvor erfolgt eine genaue Abgrenzung vom Begriff der Personalentwicklung. Daneben werden auch die Rolle des Funktionsbereichs HR, einschließlich der Personalentwicklung, sowie die Akteure im Prozess von Personalentwicklung kurz beschrieben.

Neben entsprechender Fachliteratur und HR-relevanten Studien werden hierzu auch die Interviewergebnisse berücksichtigt.

3.2 Personalentwicklung: Eine Einführung

Personalentwicklung stellt sich als Bündelung aller Maßnahmen dar, welche darauf abzielen die Fähigkeiten, Fertigkeiten und Motivation von Mitarbeitern, Teams und Organisationseinheiten an die Anforderungen des Unternehmens anzupassen. Ziel ist es, einen sog. FIT zwischen beiden Seiten herzustellen und diesen mittel- bis langfristig auch unter sich verändernden Umweltbedingungen sicherzustellen. Eine enge Orientierung an der Unternehmensstrategie ist dabei unerlässlich.[58] Ganzheitlich betrachtet umfasst die Personalentwicklung neben der Entwicklung von Personal auch die von Teams und damit einhergehend die Weiterentwicklung der ganzen Organisation.[59]

Personalentwicklung wird als systematisch, geplant und zielorientiert beschrieben. Der Wertschöpfungsbeitrag für das Unternehmen ist maßgeblich, so dass die Personalentwicklung daher als strategische Aufgabe zu verstehen ist.[60] Folglich sollte auch ein return on investment erwartet werden.[61]

---

[58] Vgl. Müller-Stewens/Lechner (2005), S. 441; vgl. Einsiedler et al. (2003), S. 5 ff.
[59] Vgl. Einsiedler et al. (2003), S. 5 ff.; vgl. Neuberger (1994), S. 13.
[60] Vgl. Ulrich (2008), S. V ff.; vgl. Peterke (2006), S. 10.
[61] Vgl. Böhme (2003), S. 12.

Ihr Handlungsfeld umfasst im Wesentlichen die Felder Weiterbildungsmanagement, Kompetenzmanagement, Performancemanagement, Talentmanagement, Nachfolgemanagement, Retentionmanagement und Kulturmanagement sowie auch die Karriereplanung.[62] In MNU ist übergreifend das Thema Internationalität zu berücksichtigen.

Die befragten HR-Experten definieren den Begriff der Personalentwicklung ähnlich ganzheitlich und betonen die Herstellung des FITs.[63] Im Unternehmen U1 hat dabei die Sicherstellung einer einheitlichen Qualität des Kerngeschäfts höchste Priorität. Voraussetzung hierfür ist die Gestaltung weltweit einheitlicher Jobprofile, an welche die Mitarbeiterkompetenzen mithilfe der Personalentwicklung angepasst werden müssen.[64]

3.2.1 Rolle und Stellenwert der Personalentwicklung

Modellhaft können die Ansätze der Personalentwicklung in drei Reifegrade unterschieden werden, welche sich auch entwicklungsgeschichtlich begründen lassen. Im 1. Reifegrad wird die Personalentwicklung lediglich als „Weiterbildungsagentur" verstanden und hat sich nach den Budgetvorgaben des Managements zu richten. Von dort entwickelte sich die Personalentwicklung über den 2. Reifegrad vom „Problemlösungspartner" hin zum „Wertschöpfungspartner". Kennzeichnend für diesen höchsten Reifegrad ist die **zusätzliche** strategische Ausrichtung der Personalentwicklung.[65] Entwicklungs- und Fördermaßnahmen orientieren sich dann am Wertschöpfungsbeitrag, was auch zunehmend vom Management gefordert wird: HR, einschließlich der Personalentwicklung, soll der Unternehmensleitung als Business Partner unterstützend und beratend zur Seite stehen.[66]

Allerdings zeigt sich in bisher durchgeführten Studien aus dem deutschsprachigen Raum, dass HR längst noch nicht die angestrebte Rolle des Business Partners innehat. Nur knapp 50% der befragten Personalverantwortlichen fühlt sich als wertschöpfende Einheit[67] wahrgenommen; 47% sehen sich nicht in der Rolle des Business Partners[68].[69]

Dass diese Ergebnisse auch auf die Personalentwicklung übertragen werden können zeigt sich beispielsweise in der Kienbaumstudie Personalentwicklung 2008[70]. Zu den Kernaufgaben der Personalentwicklung zählt für 76% der befragten Unternehmen immer noch die Weiterbil-

---

[62] Vgl. vertiefend Meifert (2008b), S. 71 ff.; vgl. Becker (2007), S. 52.
[63] Vgl. Interviews 1-8.
[64] Vgl. U1 - Interview 1.
[65] Vgl. Peterke (2006), S. 36 f.
[66] Vgl. Becker (2007), S. 56; vgl. Peterke (2006), S. 18.
[67] Vgl. Kienbaum (2005), Online.
[68] Vgl. Capgemini Consulting (2004), S. 16.
[69] Wie dies im Fremdbild wahrgenommen wird, wurde u. a. im Rahmen der HR-Image-Studie, durchgeführt von der FH Koblenz in enger Zusammenarbeit mit der psychonomics AG, erfasst. Die Ergebnisse der Studie werden voraussichtlich im April 2009 vom Personalmagazin veröffentlicht.
[70] Vgl. Kienbaum (2008).

dung. Insgesamt 62% räumen der Personalentwicklung einen hohen Stellenwert im Unternehmen ein, bei den „Top Unternehmen"[71] waren dies sogar 90%.[72]

Aus den Interviewergebnissen, lässt sich ein vergleichbar durchwachsenes Bild abzeichnen. Zwar sprechen alle Gesprächspartner der Personalentwicklung eine zunehmende strategische Bedeutung zu, können aber den Stellenwert im eignen Unternehmen nicht ausnahmslos mit hoch bezeichnen. Während in Unternehmen wie U5 oder U6 die Personalentwicklung einen sehr hohen Stellenwert besitzt und als strategischer Faktor angesehen wird, bescheinigen die Personalverantwortlichen von U2 und U3 ihr einen noch unzureichenden Stellenwert. Auf einer Skala von 1-10 (1 = sehr niedrig; 10 = sehr hoch) läge der Stellenwert beim Unternehmen U3 derzeit noch zwischen 2 und 3 statt zwischen 8 und 9, so der Organisationsentwickler im Interview.[73]

3.2.2 Akteure der Personalentwicklung

Je nach Unternehmensgröße stellt die Personalentwicklung einen eigenen Funktionsbereich der Personalarbeit (auch HR) dar oder ist in diese vollständig integriert.[74] Wird der zuvor beschriebene ganzheitliche und strategieorientierte Ansatz verfolgt, teilen sich im Grunde vier verschiedene Akteure die Aufgabe Personalentwicklung:[75]

1. Die *Geschäftsführung* gibt den strategischen Rahmen für das Gesamtunternehmen vor und legt somit auch indirekt die Ziele der Personalentwicklung fest. Außerdem ist es Aufgabe der Geschäftsführung und des obersten Managements die Personalentwicklung aktiv vorzuleben.

2. Die *Organisationseinheit* Personalentwicklung muss als Manager aller PE-Aktivitäten aus dem vorgegebenen Rahmen konkrete PE-Ziele ableiten und geeignete Instrumente zur Verfügung stellen. Den Führungskräften und Mitarbeiten steht sie unterstützend zur Seite.

3. Ein Großteil der operativen Personalentwicklung ist Aufgabe der *Führungskräfte* und nicht delegierbar[76]. Diese haben die größte Nähe zu den Mitarbeitern und können den Entwicklungsbedarf am realistischsten einschätzen.

4. Zuletzt haben auch die *Mitarbeiter* ihren Beitrag zur persönlichen Entwicklung zu leisten, da sie für das eigene Kompetenzprofil und den Lernfortschritt die Verantwortung tragen.

---

[71] Diese Top Unternehmen zeichnen sich nach Kienbaum dadurch aus, dass sie die „ ...*Ziele und Inhalte der Personalentwicklung aus der Unternehmensstrategie ableiten und eigene Personalentwicklungsstrategien besitzen* ". [Kienbaum (2008), S. 10.]
[72] Vgl. Kienbaum (2008), S. 12 f.
[73] Vgl. Interviews 1-8.
[74] Dazwischen sind diverse Kombinationen und Abwandlungen denkbar, nach denen Personalentwicklung organisiert sein kann.
[75] Vgl. Meifert (2008a), S. 12 f.; vgl. Becker (2005), S. 136.
[76] Vgl. Becker (2007), S. 44 f.

Um den geforderten Wertschöpfungsbeitrag leisten zu können ist eine enge Zusammenarbeit aller Beteiligten erforderlich.

Auch in der Praxis der befragten MNU wird zum großen Teil besonderer Wert auf eine eindeutige Verantwortung und eine kooperative Zusammenarbeit der vier Akteure gelegt.[77] Die Personalentwicklerin des Unternehmens U5 bestätigt die herausragende Bedeutung der Führungskraft bei der Förderung ihrer Mitarbeiter. Das Unternehmen bildet seine Führungskräfte daher mit einem entsprechenden Fokus auf ihre Personalentwicklerfunktion hin aus.[78] Allerdings sind nicht alle Führungskräfte so gut ausgebildet / geeignet, dass sie ihre Aufgaben hinsichtlich Personalführung und –entwicklung zufrieden stellend wahrnehmen können.[79]

3.3 Personalentwicklung im geografischen Vergleich

Das Spektrum an PE-Instrumenten ist breit gefächert und reicht von Maßnahmen „into the job" über Maßnahmen „on und off the job" bis hin zu Maßnahmen „out of the job".[80] Dies zeigt, dass auch die Ausweitung des Aufgabenfeldes oder der Verantwortlichkeit eines Mitarbeiters einen Teil der ganzheitlichen Personalentwicklung darstellen kann (on the job) und häufig den Kern der Entwicklungsarbeit bildet, so z. B. bei den Unternehmen U4 oder U2[81].

Es wurde bereits die Annahme getroffen, dass in einem MNU lokal Freiräume für die Steuerung der Personalentwicklung beachtet werden sollten. Begründen lässt sich dies durch die festgestellten kulturellen und bildungsspezifischen Unterschiede, die darauf schließen lassen, dass nicht alle Instrumente in den drei Vergleichsregionen in gleicher Weise und gleich häufig eingesetzt werden. Zwar wird im Rahmen der vorliegenden Arbeit kein vollständiges Bild über alle Instrumente hinweg gezeichnet, mittels der strukturierten Interviews soll jedoch die grundsätzliche, kulturbedingte Tendenz in den Vergleichsregionen erfasst werden.

Beispielhaft sollen die Tendenzen anschließend anhand fünf konkreter Instrumente abgebildet werden:

- Coaching
- Mentoring
- E-Learning
- 360° Feedback
- Assessment Center zur Potenzialanalyse (AC)

---

[77] Vgl. Interviews 1-8.
[78] Vgl. U5 - Interview 5.
[79] Vgl. U1 - Interview 1.
[80] Vgl. Holtbrügge (2007), S. 118.
[81] Vgl. U4 - Interview 4; vgl. U2 - Interview 2.

3.3.1 Geografische Tendenzen der Personalentwicklung

Die nachfolgend beschriebenen Tendenzen hinsichtlich des Einsatzes von PE-Instrumenten in Deutschland, den USA und Ost-Mitteleuropa basieren auf den persönlichen Eindrücken der befragten HR-Experten. Sie sind daher auch von Erfahrungen im eigenen Unternehmen eingefärbt. Durch die Zusammenführung mit den in Teil 2 erstellten Kultur- und Bildungsprofilen soll daher versucht werden diese Praxiseindrücke zu bestätigen bzw. zu widerlegen. Hierbei ergibt sich ein Gesamtbild der Personalentwicklung in den drei Kulturkreisen, welches über den bloßen Einsatz von PE-Instrumenten hinausgeht: ein PE-Profil für jeden der drei Kulturkreise.

Deutschland

Personalentwicklung ist in Deutschland etabliert und erfolgt im internationalen Vergleich betrachtet über alle Hierarchiestufen hinweg sehr systematisch und straff organisiert.[82] Hier äußern sich v. a. die Gewissenhaftigkeit und Strukturiertheit der deutschen Arbeitskultur. Die zumeist langfristig angesetzte Organisation der Personalentwicklung ist dabei in Zeiten häufig wechselnder Umweltbedingungen möglicherweise nicht ausreichend flexibel, so dass akut auftretender Qualifikationsbedarf nicht immer zeitnah gedeckt werden kann. Freiräume für kurzfristige und innovative Lösungsansätze, wie sie insb. in MNU benötigt werden, sind dadurch deutlich reglementiert. Der Bereich der Weiterbildung wird in vielen Unternehmen als ausgereift beschrieben.

Maßnahmen und eingesetzte Instrumente zeichnen sich durch eine hohe Personenorientierung aus. Daher haben Maßnahmen nicht immer einen direkten Stellenbezug, sondern auch die persönliche Entwicklung des Mitarbeiters entlang seines Karrierepfades zum Ziel.[83] Unternehmen erkennen in der Karriereförderung auch langfristig einen Wertbeitrag. Die kulturbedingt überdurchschnittlich hohe Loyalität deutscher Mitarbeiter kann durch berufliche Perspektiven zusätzlich gefördert und die Bindung des Mitarbeiters sowie seines Know-hows an das Unternehmen sichergestellt werden.

Insgesamt ist eine Präsenzdenke in Deutschland vorherrschend. Demnach wird dem direkten Kontakt zwischen Lehrendem (Trainer, Coach o. ä.) und Lernenden eine sehr hohe Bedeutung beigemessen. Auch Veranstaltungen mit hohem Freizeit- und Spaßcharakter (z. B. Outdoortrainings) sind in Unternehmen sehr beliebt und werden häufig eingesetzt.[84] Möglicherweise lässt sich diese Tendenz durch den ausgeprägten Individualismus der deutschen Kultur begründen. Trainings dieser Art bedeuten häufig auch Grenzerfahrungen. Da Mitarbeiter sehr an ihrer persönlichen Entwicklung interessiert sind könnten sie daher speziell den persönlichen Wertbeitrag dieser Trainingsform erkennen. Zudem erfordern solche Entwicklungsmaßnahmen auch während der Durchführung eine hohe Eigenverantwortung und Engagement.

---

[82] Vgl. U1 - Interview 1; vgl. U5 - Interview 5.
[83] Vgl. U3 - Interview 3; vgl. U1 - Interview 7.
[84] Vgl. U3 - Interview 3; vgl. U6 - Interview 6.

Zwar kann die deutsche Kommunikation als direkt und sachorientiert beschrieben werden, jedoch stellen HR-Experten fest, dass noch nicht alle Arbeitnehmer in Deutschland einer regelmäßigen Reflexion der Leistung völlig offen gegenüber stehen. Insgesamt ist allerdings ein positiver Trend zu verzeichnen.[85]

USA

Im Vergleich zu Deutschland wird die Förderung der Mitarbeiter weniger strukturiert beschrieben und erfordert deutlich mehr private Initiative. Die Personalentwicklung in den USA ist sehr stark in der Nachfolgeplanung auf Managementebene und beschränkt sich daneben häufig auf einzelne Trainingsmaßnahmen.[86] Hier spiegelt sich die Kurzfristigkeit amerikanischer Planung und Zielsetzung. Personalentwicklung in Form von Trainings dient vornehmlich der akuten Bedarfsdeckung. Im Zusammenhang mit einer gering ausgeprägten Loyalität zum Unternehmen gesehen sind langfristig angesetzte PE-Programme und kostenintensive Einzelmaßnahmen daher vermutlich schwerer durchzusetzen als z. B. in Deutschland.

Die in den USA typischerweise eingesetzten Instrumente zeichnen sich durch eine hohe Fach- und Methodenorientierung aus. Die Förderung der generellen Kompetenzen, welche unternehmensseitig festgelegt sind, steht im Mittelpunkt. Dabei wird nichts umgesetzt, was keinen unmittelbaren Wertbeitrag bringt. Andererseits erfolgt die Auswahl der Instrumente häufig trendabhängig und ist dadurch teilweise weniger nachhaltig angesetzt als in Deutschland.[87] Dieser Widerspruch ist auch im Kulturprofil der USA erkennbar, in dem Leistung zwar eine elementare Rolle spielt, pragmatische und innovative Lösungsansätze jedoch auch von Aktionismus und Trendorientierung überlagert werden können. Im Rahmen der Personalentwicklung ist beispielhaft das Instrument E-Learning zu nennen. Die Interviewpartnerin des Unternehmens U5 bestätigt, dass dieses Tool in den USA für nahezu jede Art von Kompetenzerweiterung eingesetzt wird; auch für die Entwicklung von Führungskräften[88]. Aus (kritischer) deutscher Perspektive, ist eine Verwendung für solche Trainings lediglich in Kombination mit Präsenzveranstaltungen denkbar. Demgegenüber wird Fortschritt aber auch durch diese kulturelle Prägung gefördert. So ist das Thema „knowledge sharing"[89] in den USA von größter Bedeutung. Virtuelles und vernetztes Arbeiten gehören zur Normalität.[90]

---

[85] Vgl. U4 - Interview 8.
[86] Vgl. U1 - Interview 1; vgl. U5 - Interview 5; vgl. U1 - Interview 7.
[87] Vgl. U2 - Interview 2; vgl. U3 - Interview 3; vgl. U4 - Interview 4.
[88] Vgl. U5 - Interview 5.
[89] Das Teilen und nutzbar machen von implizitem und explizitem Wissen innerhalb des Konzerns.
[90] Vgl. U3 - Interview 3.

Ost-Mitteleuropa

Personalentwicklung stellt in Ost-Mitteleuropa großteils noch eine Besonderheit dar. Sie wird sehr gezielt und dezidiert vergeben. Die Teilnahme an Entwicklungsmaßnahmen wird daher von den Mitarbeitern sehr wertgeschätzt. Zurückführen lässt sich dies in erster Linie auf die Phase bzw. den Reifegrad, in dem sich Personalentwicklung und die Unternehmen in Ost-Mitteleuropa befinden. So geht es weniger um Mitarbeiterbindung als vielmehr um Personalaufbau und klassische Weiterbildung. Entsprechend ist auch die Personalentwicklung anders ausgerichtet als in den USA und Deutschland.[91] Zudem ist Improvisation Teil der ost-mitteleuropäischen Kultur. Ganzheitliche Personalentwicklung jedoch dient von Natur aus nicht der kurzfristigen Problemlösung sondern der langfristigen Sicherstellung der Wettbewerbsfähigkeit von Unternehmen. Hier sollte der Versuch angestellt werden, bei der Systematisierung und Strukturierung der Personalentwicklung eine gewisse Flexibilität zu bewahren und sich so die Vorteile des Improvisationstalents zunutze zu machen. In der Weiterbildung stehen Fachtrainings im Vordergrund. Bei der Ausgestaltung dieser Trainings muss berücksichtigt werden, dass Mitarbeiter häufig über ein geringeres Maß an Selbstständigkeit und Eigenverantwortung verfügen. Sie benötigen daher im Rahmen der Einarbeitung und Weiterbildung konkrete Anweisungen.[92] Feedbacksysteme werden noch nicht voll akzeptiert und befinden sich in der Aufbauphase.[93] Unter Berücksichtigung der indirekten Kommunikationskultur, der Personenorientierung sowie der hohen Machtdistanz erscheint es empfehlenswert, solche Systeme sukzessiv zu implementieren. Der Nachholbedarf in Ost-Mitteleuropa ist spürbar und zeigt sich in einer zunehmenden Leistungsorientierung, in einem sehr hohen Qualifikationsniveau und dem Streben nach westlichen Standards.[94]

Am Beispiel Ost-Mitteleuropa zeigt sich, dass neben den regional bedingten Einflussfaktoren wie Kultur und Bildungsniveau auch der wirtschaftliche Status eines Landes (Grad der Industrialisierung) den Einsatz von PE-Instrumenten determiniert. Der Reifegrad eines Standortes ist unmittelbar ausschlaggebend für den qualitativen und quantitativen Bedarf an Personalentwicklung.

3.3.2 Beispiele zum praktischen Einsatz von PE-Instrumenten

Im vorhergehenden Kapitel konnte verdeutlicht werden, welches Verständnis von Personalentwicklung in den Vergleichsregionen vorherrschend ist und welche Präferenzen tendenziell die Auswahl von PE-Instrumenten beeinflussen. Um diese Eindrücke zu konkretisieren werden in Darst. 11: Einsatz und Einsatzhäufigkeit von fünf ausgewählten PE-Instrumenten aus Sicht der befragten HR-Experten abgebildet.

---

[91] Vgl. U5 - Interview 5; vgl. U4 - Interview 8.
[92] Vgl. U2 - Interview 2; vgl. U5 - Interview 5; vgl. U6 - Interview 6.
[93] Vgl. U6 - Interview 6.
[94] Vgl. U1 - Interview 1; vgl. U5 - Interview 5.

	Deutschland	USA	Ost-Mitteleuropa
Coaching[95]	• Weniger ausgeprägt • Fokus auf Problemlösung: daher leicht negative Wahrnehmung • Hohe Personenorientierung	• Stark ausgeprägt • Standardtool für Manager: positive Wahrnehmung • Geringere Personenorientierung	• Gering ausgeprägt • Deutlicher Fokus auf Problemlösung: daher z. T. negative Wahrnehmung
Mentoring[96]	• Wenig ausgeprägt • Auch Aufgabe der Führungskraft	• Stark ausgeprägt • Systematischer Einsatz • Alternativ „Buddysystem"	• Gering ausgeprägt
E-Learning[97]	• Zumeist nur in Form des Blended Learnings • Einsatzmöglichkeiten werden äußerst kritisch hinterfragt	• Standardtool in den USA • Gleichwertig zu Präsenzveranstaltungen • Gute unternehmensweite Vernetzung	• Gering ausgeprägt
360° Feedback[98]	• Systematischer und regelmäßiger Einsatz von Feedbacksystemen • Feedbackkultur ist noch nicht etabliert • MA vermeiden teilweise trotz Anonymität die offene Meinungsäußerung	• Systematischer und regelmäßiger Einsatz von Feedbacksystemen • Feedbackkultur ist etabliert • MA äußern Meinung relativ offen	• Feedbacksysteme und Feedbackkultur sind noch nicht etabliert • Eher schwierig Kritik offen zu äußern
AC[99]	• Häufiger Einsatz mit zunehmender Tendenz • Einsatz für Personalauswahl und Potenzialanalyse	• Sehr häufiger Einsatz • Etabliert für Personalauswahl und Potenzialanalyse	• Seltener Einsatz • Besonderheit • Feedback möglicherweise problematisch

Darst. 11: **Einsatz und Einsatzhäufigkeit ausgewählter PE-Instrumente in den Vergleichsregionen** [Quelle: Eigene Darstellung in Anlehnung an die Interviews 1-8.]

---

[95] Kern des Beratungsprozesses ist das Erlernen der Fähigkeit zur Selbstreflexion des beruflichen Handelns und somit eine Verbesserung der Selbstregulationsfähigkeiten. [Vgl. Peterke (2006), S. 219 f.; vgl. coachingdachverband.at (2009), Online.]

[96] Eine erfahrene Führungskraft einer höheren Managementebene unterstützt einen jüngeren bzw. neuen Kollegen in beruflichen und persönlichen Anliegen. [Vgl. Peterke (2006), S. 228 f.]

[97] E-Learning beschreibt die virtualisierte Form des Lernens: Inhalte sind interaktiv und multimedial ausgestaltet; Durchführung und Kommunikation erfolgen webbasiert. Die Kombination mit Präsenzveranstaltungen wird als Blended Learning bezeichnet. [Vgl. Peterke (2006), S. 193; vgl. Wache (2003), Online.]

[98] Multidimensionale Erfassung der beruflichen Kompetenzen. Dadurch sollen Stärken und Entwicklungsbereiche in Verhalten und Leistung identifiziert und die Selbstreflexion des Einzelnen oder Teams gefördert und Maßnahmen abgeleitet werden. [Vgl. Blum/Zaugg (2007), S. 65; vgl. Peterke (2006), S. 245 f.]

[99] Durch Beobachtung in verschiedenen, berufsnahen Übungen wird versucht ein Stärken-Schwächenprofil des Teilnehmers zu zeichnen, um dieses mit dem Anforderungsprofil abzugleichen oder es als Basis für die weitere Entwicklungsplanung zu nutzen. [Vgl. Jung (2006), S. 296.]

In der Gegenüberstellung in Darst. 11 werden unterschiedliche Aspekte deutlich: Es fällt auf, dass insgesamt weniger Aussagen zum Einsatz der PE-Instrumente in Ost-Mitteleuropa gemacht werden konnten als zum Einsatz in Deutschland und den USA. Dies ist vermutlich auf begrenzte persönliche Erfahrungen der Befragten mit der Personalentwicklung im ostmitteleuropäischen Sektor zurückzuführen. Ein Zusammenhang mit der bisherigen wirtschaftlichen Bedeutung und dem Reifegrad dieses Sektors ist als Ursache für die eingeschränkten Einblicke in die dortige PE-Praxis nahe liegend.

Die aufgeführten fünf Instrumente werden in Ost-Mitteleuropa seltener eingesetzt als in Deutschland und den USA. Überwiegend dienen diese Tools der Förderung. Da der Fokus im ost-mitteleuropäischen Sektor derzeit allerdings auf dem Personalaufbau und der fachlichen Qualifikation des Personalbestands liegt, sind diese Instrumente weniger geeignet. Speziell die Feedbackkultur steht in Ost-Mitteleuropa noch am Anfang und muss hier schrittweise entwickelt werden. Für die Implementierung solcher Systeme ist eine starke Unternehmenskultur von zentraler Bedeutung, in der Feedback tatsächlich gelebt wird, um der indirekten Art der Kommunikation zumindest im beruflichen Kontext entgegen wirken zu können.

Alle abgebildeten Instrumente finden am stärksten in den USA Anwendung und werden dort aus Sicht der Experten auch am besten angenommen. Auf den ersten Blick widerspricht dies dem zuvor festgestellten Bild der Personalentwicklung in Deutschland, die dort sehr strukturiert und systematisch erfolgt. Bei genauerer Betrachtung wird jedoch deutlich, dass dies evtl. mit der weniger kritischen Natur der Amerikaner zusammenhängen könnte. Von Unternehmensseite etablierte Systeme könnten daher von Mitarbeitern weniger hinterfragt werden, als dies in Deutschland üblich ist.

3.4 Zusammenfassung

Die Aufgaben der Personalentwicklung gehen heute weit über den Bereich der Weiterbildung hinaus. Mit dem Ziel einen FIT zwischen den Kompetenzen der Mitarbeiter und den definierten Stellenanforderungen herzustellen und dauerhaft zu bewahren verfolgt Personalentwicklung einen strategischen und wertschöpfungsorientierten Ansatz. Mit dieser Entwicklung nimmt auch der Stellenwert kontinuierlich zu, wobei deutliche Unterschiede zwischen einzelnen Unternehmen zu verzeichnen sind. Die Verantwortung für die Personalentwicklung erstreckt sich von der Geschäftsführung über die Führungskräfte, welche eine entsprechende PE-Kompetenz aufweisen müssen, bis hin zum Mitarbeiter. Die Funktion Personalentwicklung ist vor allem Unterstützer in diesem Prozess.

Die erstellten PE-Profile der Standorte Deutschland, USA und Ost-Mitteleuropa beschreiben die Unterschiede in den grundsätzlichen Tendenzen der Personalentwicklung und dem konkreten Einsatz von PE-Instrumenten. Dabei fällt auf, dass dieser differente Umgang mit Personalentwicklung nicht lediglich auf kulturelle oder institutionelle Besonderheiten zurückzuführen ist. Einen erheblichen Einfluss nehmen auch der Grad der Industrialisierung einer Region sowie der unternehmensspezifische Reifegrad eines Standortes.

So liegt der Fokus der Personalentwicklung in Ost-Mitteleuropa derzeit auf dem Aufbau und der fachlichen Weiterbildung von Personal, während Maßnahmen anderer Art eher die Ausnahme darstellen. In Deutschland gewinnt dagegen die ganzheitliche und nachhaltige Förderung von Mitarbeitern im Sinne der Karriereplanung zunehmend an Relevanz. Die hohe Bewertung von Präsenzveranstaltungen findet allerdings in den USA weniger Zuspruch. Im Mittelpunkt stehen hier überwiegend fach- und methodenorientierte Trainings, welche auch vollständig über E-Learning-Tools abgedeckt werden können.

Teil 4 Praxis in multinationalen Unternehmen

4.1 Überblick

Um den Herausforderungen auf den zu bearbeitenden Märkten begegnen zu können, müssen MNU über die aktuelle Situation auf ökonomischer, sozialer, politischer sowie technologischer Ebene informiert sein und globale wie lokale Entwicklungstendenzen frühzeitig erkennen können. MNU mit ausgedehnten grenzüberschreitenden Aktivitäten stellen daher besondere Anforderungen an die Personalentwicklung.[100]

Allgemein gültige Aussagen zu möglichen Auswirkungen der zuvor aufgeführten Unterschiede auf PE-Entscheidungen in MNU zu treffen ist jedoch aufgrund der Diversität von Unternehmensstrukturen und -zielen nicht möglich. Findet Personalentwicklung eher lokal statt, so sind die zuständigen Funktionsbereiche auch lokal eingegliedert und mit dem Bedarf und den Bedürfnissen vor Ort vertraut. Eine besondere Herausforderung stellt demzufolge die Entwicklung und Festigung globaler Standards dar, gewinnt die globale Sicht doch zunehmend an Bedeutung[101].

Wie MNU den besonderen Herausforderungen globaler und lokaler Märkte im Rahmen der Personalentwicklung begegnen können und inwiefern dabei kulturelle und institutionelle Unterschiede Berücksichtigung finden, soll anhand einiger Beispiele aus der Praxis näher beschrieben und analysiert werden.

Um strategische PE-Entscheidungen von MNU besser nachvollziehen zu können ist es hilfreich, zunächst die Möglichkeiten strategischer Orientierung von MNU in ihren Grundtypen aufzuzeigen. In diesem Zusammenhang sollten auch die wesentlichen Motivtypen und Ziele von Internationalisierung und globaler Integration[102] in Kürze abgebildet werden.

4.2 Ziele und Strategien multinationaler Unternehmen

Die Zielsetzungen von Unternehmen variieren in Abhängigkeit von ihrer grundlegenden Orientierung, welche sich in der Unternehmenspolitik ausdrückt. Statische Unternehmen sind primär an den Interessen der Anteilseigner (Shareholder) ausgerichtet und bestrebt bereits vorhandene Geschäftsfelder zu erhalten oder auszubauen. Mitarbeiter stellen einerseits einen Produktionsfaktor und andererseits einen Kostenfaktor dar. Personalentwicklung findet wenig ganzheitlich statt und dient der unmittelbaren Sicherung ökonomischer Ziele. Dynamische Unternehmen zielen auf die Entdeckung neuer Erfolgspotenziale und orientieren sich an den Interessen aller Bezugsgruppen (Stakeholder). Sie sind daher an entwicklungsbereiten, kreati-

---

[100] Vgl. Weber et al. (2001), S. 168.
[101] Vgl. Briscoe et al. (2007), S. 199 f.
[102] Unter globaler Integration ist „ ...die Art und Weise der Zusammenarbeit weltweit tätiger Organisationseinheiten" zu verstehen. [Meffert (1993), S. 23.]

ven Mitarbeitern interessiert und verfolgen tendenziell einen ganzheitlichen PE-Ansatz. Aber auch zwischen diesen beiden Extremen kann sich die Unternehmenspolitik konsolidieren.[103] Unternehmensziele lassen sich verschiedenen Kategorien zuordnen. Neben klassischen ökonomischen Zielen existieren auch ökologische Ziele sowie Ziele, die sich an den Motiven der Mitarbeiter orientieren. Oberstes Ziel einer Unternehmung ist die Gewinnmaximierung[104] bzw. die kontinuierliche Steigerung der Unternehmensperformance. Entsprechend werden auch MNU primär vom Streben nach ökonomischer Effizienz angetrieben. Über die Internationalisierung sollen die negativen Auswirkungen konjunkturbestimmter Absatzschwankungen einzelner Länder durch die Präsenz an anderen Standorten abgefedert werden. Nach dem gleichen Prinzip können auch Marktanteilsverluste aufgefangen oder Wachstumssteigerungen an ausländischen Märkten genutzt werden.[105] Neben rein sachlogischen Effizienzkriterien, wie sie aus volkswirtschaftlicher Perspektive[106] erklärt werden können, spielen auch weniger rationale Motive eine Rolle. Zum einen hängt dies mit der praktischen Unmöglichkeit völlig objektiver und rationaler Entscheidungen an sich zusammen. Zum anderen sind Entscheidungsträger immer auch von individuellen Motiven und persönlichen Werten beeinflusst.[107]

Neben den Wettbewerbsvorteilen, welche durch die Ausnutzung von Skalen- und Verbundeffekten[108] erzielt werden können, kann sich auch die nationalbedingte Diversität positiv auf die Unternehmensperformance auswirken, wenn MNU ihre operationale Flexibilität ausnutzen.[109] Hiernach müssen Unternehmen die einzelnen Funktionsbereiche dort zentralisieren, wo die jeweils besten Rahmenbedingungen bestehen. Der Vertrieb könnte den wichtigsten Kunden folgen, während die Produktion in Low Cost Countries verlagert wird. Die Organisationseinheit Forschung und Entwicklung kann z. B. in Ländern mit innovationsorientierter Kultur[110] und hohem Bildungsniveau angesiedelt werden.

Orientiert am übergeordneten Zielsystem können Unternehmen unterschiedliche Strategien verfolgen. In Bezug auf das bereits angedeutete Spannungsfeld zwischen Globalisierung und Lokalisierung ist die strategische Orientierung von MNU zu hinterfragen. Diese gibt an, wo

---

[103] Berthel/Becker (2003), S. 528 ff.
[104] Das Ziel Gewinnmaximierung ist keinesfalls als alleiniges Kriterium betriebswirtschaftlicher Entscheidungen zu verstehen. Sehr wohl beeinflusst es jedoch den kontinuierlichen Zielfindungsprozess unter Berücksichtigung der Interessengruppen. Zielkonflikte sind nicht ausgeschlossen. [Vgl. Wöhe (2002), S. 305; vgl. Macharzina/Wolf (2005), S. 206 f.]
[105] Vgl. Macharzina/Wolf (2005), S. 927 f.
[106] Sowohl der makroökonomischen Perspektive als auch den mikroökonomischen Theorien nach lässt sich die Entscheidung zur Internationalisierung über rationale Kriterien begründen. [Vgl. hierzu vertiefend: Siedenbiedel (2007), S. 59 f.]
[107] Vgl. Siedenbiedel (2007), S. 59 ff., S. 86.
[108] Skaleneffekte werden auch als Größenkostenersparnis bezeichnet, die bei Steigerung der Ausbringungsmenge erzielt werden kann. Verbundeffekte können sich aus der horizontalen Bündelung oder vertikalen Verkettung von Leistung ergeben. Insgesamt stehen MNU eine größere Markt- und Verhandlungsmacht zur Verfügung. [Vgl. Welge/Holtbrügge (2003), S. 5; vgl. Macharzina/Wolf (2005), S. 340, 353.]
[109] Vgl. Kogut (1985), S. 32 ff. zit. nach Welge/Holtbrügge (2003), S. 5.; vgl. Welge/Holtbrügge (2003), S. 5 f.
[110] Vgl. Welge/Holtbrügge (2003), S. 6.

sich das Unternehmen zwischen dem Globalmarkt und den differenten Auslandsmärkten positioniert[111].

Wie in Darst. 12 abgebildet, besteht eine Möglichkeit in der Differenzierung ganzer Branchen nach Globalisierungsvorteilen einerseits und Lokalisierungserfordernissen andererseits. Unternehmen in **internationalen Branchen** verfolgen eine Selektionsstrategie, da Konzepte vom Heimatmarkt ohne Anpassung auf fremde, ähnliche Märkte übertragen werden, meist über Exportgeschäfte. Dies gilt z. B. für die Energiebranche.[112]

In **multinationalen Branchen** begegnen Unternehmen den unterschiedlichen Märkten mit Einzelmarktstrategien. Die Produktstandardisierung über das Gesamtunternehmen ist gering und die einzelnen Gesellschaften verfügen über weit reichende Entscheidungs- und Handlungsfreiräume. Häufig findet diese Strategie Anwendung in der Lebensmittelindustrie.[113]

Globalisierungs-nutzen		Globale Branchen	Blockiert-globale Branchen
	hoch	Globale Branchen	Blockiert-globale Branchen
	niedrig	Internationale Branchen	Multinationale Branchen
		niedrig	hoch
		Lokalisierungserfordernis	

Darst. 12: **Strategische Orientierung internationaler Unternehmen** [Quelle: Eigene Darstellung in Anlehnung an Macharzina/Wolf (2005), S. 952.]

Globale Branchen erfordern eine Integrationsstrategie. Zwischen den Märkten bestehen deutliche Ähnlichkeiten, so dass z. T. auch von einem globalen Markt gesprochen werden kann. Durch Standardisierung im Rahmen der globalen Integration können erhebliche Wettbewerbsvorteile erzielt werden. Dies gilt insb. bei der Zentralisierung und Spezialisierung einzelner Funktionsbereiche / Wertschöpfungsstufen. Globale Branchen sind die Automobilindustrie oder die IT-Branche.[114]

Als eher problematisch stellen sich **blockiert-globale** Branchen dar. Aufgrund starker lokaler Reglementierung, wie z. B. durch Gesetze, können die Vorteile von globaler Standardisierung nicht genutzt werden. Die Interaktionsstrategie beschreibt einen weltweiten Absatz bei geringer Produktstandardisierung.[115]

---

[111] Vgl. Macharzina/Wolf (2005), S. 946.
[112] Vgl. Macharzina/Wolf (2005), S. 951.
[113] Vgl. Macharzina/Wolf (2005), S. 952 f.; vgl. Weber et al. (2001), S. 168.
[114] Vgl. Macharzina/Wolf (2005), S. 953 f.; vgl. Weber et al. (2001), S. 167.
[115] Vgl. Macharzina/Wolf (2005), S. 954.

Die Entscheidung zur strategischen Orientierung ist demnach abhängig von sehr unterschiedlichen Faktoren und sollte während des Unternehmenslebenszyklus regelmäßig überprüft und ggfs. neuen Rahmenbedingungen angepasst werden.

Ferner kann davon ausgegangen werden, dass auch die Größe einer Unternehmung und bisherige internationale Erfahrungen in die Entscheidungsfindung einfließen. Im Allgemeinen verfolgen große MNU mit umfassenden internationalen Erfahrungen und weit reichenden grenzüberschreitenden Aktivitäten auch eine einheitliche Strategie, die durch die Struktur und Unternehmenskultur weitestgehend unterstützt wird.[116] Demzufolge ist hier auch ein größeres Bestreben nach der Globalisierung bzw. Standardisierung der Personalentwicklung des MNU anzunehmen.

Die sechs Unternehmen, mit deren HR-Experten im Rahmen dieser Untersuchung Interviews geführt werden konnten, sind globalen Branchen zuzuordnen und verfügen über umfangreiche – wenn auch unterschiedlich ausgeprägte – internationale Erfahrungen. So kann auf Basis der vorhergehenden Ausführungen bei den Beispielunternehmen eine grundsätzliche Tendenz zu einer Integrationsstrategie unterstellt werden.

Dieser Zusammenhang wirft die Frage auf, ob die unterstellte Verfolgung einer Integrationsstrategie auch zwingend eine unternehmensweit standardisierte Personalentwicklung zur Folge hat bzw. welche weiteren Ausrichtungen die Personalentwicklung verfolgen kann.

4.3 Strategien und Konzepte der Personalentwicklung

Anknüpfend an die zuvor beschriebenen Zielsetzungen und Strategien von MNU können neben der strategischen Orientierung auch die Größe der Unternehmung und das Portfolio bisheriger internationaler Erfahrungen als entscheidende Einflussfaktoren für die Gestaltung der Personalentwicklung eines MNU identifiziert werden. Inwieweit die Ziele der Personalentwicklung in einer eigenen Strategie verankert sind ist wiederum abhängig von der Gesamtstrategie und dem Stellenwert, welcher der Personalpolitik durch das oberste Management beigemessen wird[117].

Die Nachhaltigkeit von Investitionen, und somit auch von Personalentwicklung, sollte aus ökonomischer Perspektive im Allgemeinen ein Grundbedürfnis wirtschaftlicher Organisationen darstellen. In diesem Sinne bedeutet Nachhaltigkeit die Sicherstellung der Wettbewerbsfähigkeit der Unternehmen einerseits und eine Erhöhung des individuellen Marktwertes, der Employability[118], der Mitarbeiter andererseits[119].

---

[116] Vgl. Dowling et al. (2008), S. 219.
[117] Vgl. Siedenbiedel (2007), S. 86.
[118] Employability spricht für die Beschäftigungsfähigkeit des Arbeitnehmers. Sie setzt sich zusammen aus der Fachkompetenz, der überfachlichen Kompetenz sowie der Einstellung des Mitarbeiters. [Vgl. Rump/Eilers (2006), S. 21.]
[119] Vgl. S. Rump/Eilers (2006), 23 ff.

Neben den Kriterien Partizipation, Wertschöpfungsorientierung, Kompetenzorientierung, Anspruchsgruppenorientierung und Flexibilität dient auch die Strategieorientierung der Nachhaltigkeit von Personalentwicklung.[120] Um diese Kriterien erfüllen zu können, müssen alle PE-Aktivitäten an der übergeordneten Unternehmensstrategie ausgerichtet sein und es muss zusätzlich eine eigene PE-Strategie formuliert werden.[121]

Angelehnt an das Konzept Management Development des DGFP[122] kann die strategische Orientierung der Personalentwicklung anhand der zwei Dimensionen Zentralisierung und Standardisierung in vier Grundtypen unterteilt werden.

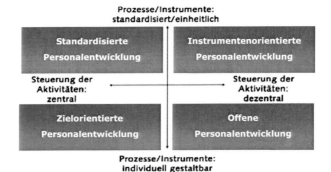

Darst. 13: Strategien der Personalentwicklung [Quelle: Eigene Darstellung in Anlehnung an DGFP (2008), Online.]

Bei der **standardisierten Personalentwicklung** erfolgt die Steuerung sämtlicher PE-Aktivitäten einschließlich der Verwaltung von Ergebnissen zentral nach einheitlichen strategischen Vorgaben. Für die operative Gestaltung der PE-Prozesse sowie für PE-Instrumente bestehen bindende Standards.[123] Dies bedeutet, dass konzernweit konkrete Zielvorgaben z. B. in Form von definierten Kompetenzprofilen bestehen. Diese Kompetenzprofile dienen der Personalbeurteilung als Basis, so dass ein Abgleich zwischen benötigten und vorhandenen Kompetenzen stattfinden kann. Die anschließende Entwicklung der Kompetenzen erfolgt über das gesamte Unternehmen hinweg nach den gleichen Prozessen und unter Einsatz der gleichen Instrumente.

---

[120] Vgl. Zaugg (2007), S. 29 f.
[121] Vgl. DGFP (2008), Online.
[122] Vgl. DGFP (2008), Online.
[123] Vgl. DGFP (2008), Online.

Die **instrumentenorientierte Personalentwicklung** hingegen überlässt den einzelnen Unternehmenseinheiten die Steuerung der Personalentwicklung, jedoch bei bindenden operativen Regelungen durch standardisierte PE-Prozesse und PE-Instrument. Die Einheiten können demnach dezentral über Zeitraum, Art und Umfang von PE-Maßnahmen entscheiden und die Ergebnisse eigenmächtig verwalten.[124] Die Geschäftseinheiten können die Kompetenzprofile bzw. Stellenanforderungen eigenständig festlegen, müssen die Beurteilung und Entwicklung ihrer Mitarbeiter allerdings über standardisierte Prozesse und einheitliche Instrumente abwickeln.

Eine **zielorientierte Personalentwicklung** fordert eine zentrale Verwaltung der Ergebnisse sowie den Einsatz von Key Performance Indikatoren. Anhand dieser Indikatoren können Fortschritt und Erfüllungsgrad hinsichtlich der festgelegten Zielsetzungen ermittelt werden. Welche PE-Prozesse und PE-Instrumente zur Zielerfüllung benötigt werden, kann dezentral entschieden werden.[125] Demnach existieren konzernweit gültige Kompetenzprofile für konkrete Stellen, deren Einhaltung zentral gesteuert wird. Den Geschäftseinheiten ist es jedoch freigestellt, wie sie die Kompetenzen ihrer Mitarbeiter vor Ort beurteilen und mithilfe welcher Instrumente sie eine Erweiterung der Kompetenzen anstreben.

Im Falle einer **offenen Personalentwicklung** liegt die alleinige Verantwortung für sämtliche PE-Aktivitäten bei den lokalen Organisationseinheiten. Diese können demnach sowohl über die PE-Prozesse und PE-Instrumente bestimmen, als auch über deren Einsatz sowie die Verwaltung der Ergebnisse.[126] Die Geschäftseinheiten können die Kompetenzprofile bzw. Stellenanforderungen eigenständig festlegen. Hinsichtlich der Beurteilung, der Entwicklung und des Placement verfügen sie über völlige Autonomie.

Diese dargestellte Einteilung ist eher statisch und simplifiziert, während in der Praxis mit vielen Zwischenformen auch innerhalb eines Unternehmens zu rechnen ist. So ist es denkbar, dass für Mitarbeiter unterschiedlicher Hierarchiestufen auch unterschiedliche strategische und konzeptionelle Ansätze in der Personalentwicklung verfolgt werden.

Aufgrund der Vielzahl geografisch bestimmter Subkulturen, welche auf MNU einwirken, kann sich eine konzernweit standardisierte Personalentwicklung in unteren Hierarchieebenen möglicherweise schwieriger gestalten als auf Managementebene. Die Karrierepfade von Führungskräften und Spezialisten sind zunehmend international ausgerichtet[127], so dass auf dieser Ebene kulturelle Grenzen noch rasanter verschwimmen. Allerdings sollte nicht übersehen werden, dass Führungskräfte in Gastländern auch mit Mitarbeitern dieser Gastländer zusammenarbeiten. So wird interkulturelles Verständnis nicht lediglich für Führungskräfte sondern ebenfalls für Mitarbeiter ohne Führungsverantwortung zu einer entscheidenden Kompetenz. Für eine tendenzielle Einordnung der strategischen Orientierung von Personalentwicklung erscheint diese Einteilung jedoch aufgrund der Übersichtlichkeit besonders praktikabel.

---

[124] Vgl. DGFP (2008), Online.
[125] Vgl. DGFP (2008), Online.
[126] Vgl. DGFP (2008), Online.
[127] Vgl. Interviews 1-8.

Um einen praxisnahen Eindruck von der beschriebenen Vielfalt der strategischen Ausrichtung von Personalentwicklung in MNU gewinnen zu können, sollen Auszüge aus den Personalentwicklungsstrategien von drei Unternehmen unterschiedlicher Branchen vorgestellt werden. Hierzu werden im folgenden Abschnitt zunächst die Kernelemente der Personalentwicklung, wie sie von den Personalverantwortlichen der Unternehmen U2, U3 sowie U4 im Rahmen der geführten Interviews beschrieben werden konnten, aufgezeigt und einander gegenübergestellt.

In diesem Zusammenhang erfolgt auch die Einordnung der beschriebenen PE-Ausrichtungen nach ihrer Zentralität und Standardisierung für alle befragten Unternehmen. Daran anschließend sollen die wesentlichen Erkenntnisse unter Berücksichtigung kultureller und institutioneller Unterschiede aufgezeigt und Handlungsempfehlungen abgeleitet werden.

4.3.1 Beispiele aus der Praxis

Die Beschreibung der Personalentwicklung bei den Unternehmen U2, U3 und U4 erfolgt anhand von sechs Aspekten:

1. Vision und Grundsätze der Personalentwicklung: Unter diesem Aspekt werden die besonderen Werte aufgezeigt, welche dem Aufbau der Personalentwicklung zu Grunde liegen.

2. Grundkonzept der Personalentwicklung: Dieser Aspekt erfasst den grundlegenden konzeptionellen Aufbau der Personalentwicklung.

3. Management Development: Das Management Development beschreibt hier die Konzepte zur Förderung und Entwicklung von Führungskräften.

4. People Development: People Development bezieht sich auf die Konzepte der Mitarbeiterförderung und -entwicklung unterer Hierarchiestufen ohne Führungsverantwortung.

5. Besonderheiten: Dieses Kriterium erfasst solche Konzepte und Regelungen, die von den Interviewpartnern besonders hervorgehoben wurden.

6. Aktuelle Projekte und Ziele: In diesem Zusammenhang werden aktuelle Projekte aufgezeigt, die eine Veränderung der Personalentwicklung zum Ziel haben.

An dieser Stelle muss darauf hingewiesen werden, dass keine vollständigen PE-Konzepte abgebildet werden, sondern lediglich einige Auszüge aus den teilweise sehr umfangreichen PE-Programmen. Zu einigen Aspekten wurden in den Interviews keine Angaben gemacht: dies lässt jedoch nicht darauf schließen, dass dieser Aspekt in der Praxis nicht erfüllt wird.

	1. Vision und Grundsätze	2. Grundkonzept	3. Management Development	4. People Development	5. Besonderheiten	6. Projekte und Ziele
U2 Logistik	Bei U2 existiert keine einheitliche PE-Vision.	Je höher die Hierarchiestufe, desto mehr Vorgaben liegen von der Zentrale vor.	Management Development ist an den Vorstand angebunden. Es existiert ein einheitliches, konzernweit gültiges Konzept für Management Development, das 1x jährlich eine kompetenzbasierte Leistungsbeurteilung beinhaltet. Die Top 500 Leistungsbewertungen werden zentral verwaltet.	Das People Development ist an den Personalvorstand gekoppelt. Es bestehen Leitlinien zu fachlichen Inhalten. Die Zentrale gibt Empfehlungen.	Good-Practice Sharing: Für die PE wurde ein internationaler Ideenpool von den verschiedenen Geschäftseinheiten eingerichtet.	Ziele: Etablierung eines konzernweiten Talentmanagements Förderung von bereichsübergreifendem Arbeiten
U3 Automotive	Der Stellenwert der PE wurde als sehr gering eingestuft. *Es wurde keine Vision oder spezielle Ausrichtung genannt.*	Z. Z. ist die PE von U3 wenig bedarfsorientiert und wenig standardisiert.	Globale Programme existieren nur für Top-Management (höchste Stufe) und den Beförderungsprozess ins Top-Management. Für die unterste Managementstufe fehlen PE-Standards; die Entwicklung erfolgt eher on the job.	Steuerung am jeweiligen Standort: Trainings werden oft als Incentive vergeben. Die globale und ganzheitliche Sicht wird vernachlässigt.	Die Verantwortung für PE liegt beim obersten Management und dem Leiter einer Tochter-Beratungsgesellschaft.	Ziele: Standarisierung der Instrumente in Stammland bei dezentraler Steuerung. Besondere Themen sind Zielvereinbarungen, MA-Gespräche, Kompetenzmanagement und Toptalente.

Darst. 14: Praxisbeispiele der Personalentwicklung in MNU Teil 1 [Quelle: Eigene Darstellung in Anlehnung an U2 - Interview 2; an U3 - Interview 3.]

	1. Vision und Grundsätze	2. Grundkonzept	3. Management Development	4. People Development	5. Besonderheiten	6. Projekte und Ziele
U4 Automotive	„One Mind" und eine gemeinsame Sprache. Die PE ist ausgerichtet an drei wesentlichen Größen: • Internationalität • Diversity • Gendermanagement Eigenverantwortung: U4 bezeichnet den Mitarbeiter als „Fahrer". HR ist Berater und Unterstützer, nicht Treiber.	Gemeinsame Sprache über einheitliche Tools. 4 Säulen der Förderung: • Potenzialempfehlung • Potenzialvalidierung • Entwicklung • Placement IT-Unterstützung sorgt für weltweite Transparenz der Kompetenzen Für jede Division liegen PE-Roadmaps vor, die allgemeine (global gültige) und individuelle Regelungen zur PE enthalten.	7 Leadership-Kriterien sind global standardisiert. 5 Führungsebenen: Ab Abteilungsleiter (E3) erfolgt globale Steuerung bei standardisierten Prozessen → dies soll übergreifendes Denken fördern. 1x jährlich Evaluation und Analyse von Zielerreichung und Potenzial → Performance Bewertungsprozess (entgeltrelevant) Leistungsbewertungen werden zentral verwaltet.	Auf unteren Ebenen sind Vorgaben aus Roadmap regionalbedingt modifizierbar.	Der Konzern hat sich vor einigen Jahren wesentlich umstrukturiert. Dabei wurden auch PE-Funktionen zentralisiert. So existiert z. B. eine Stelle für die PE von Finanzführungskräften global.	Projekte: Alle Roadmaps sollen auf ihre Inhalte und ihre Schnittstellen zu anderen Roadmaps hin überprüft werden. Ziele: Ziel ist es, den Bereich F&E weiter auszubauen und entsprechend Personal zu beschaffen und zu entwickeln.

Darst. 15: Praxisbeispiele der Personalentwicklung in MNU Teil 2 [Quelle: Eigene Darstellung in Anlehnung an U4 - Interview 4; sowie an U4 - Interview 8.]

Basierend auf den abgebildeten Interviewergebnissen können die jeweiligen strategischen Ausrichtungen der Personalentwicklung nach ihrer Zentralität und dem Grad der Standardisierung eingeordnet werden.

Bei dem Logistikkonzern **U2** werden für Führungskräfte und Mitarbeiter ohne Führungsverantwortung jeweils eigene Strategien verfolgt. Das Management Development ist standardisiert ausgerichtet, was durch ein konzernweit gültiges PE-Konzept sowie die zentrale Verwaltung der Leistungsbewertungen der Top 500 (Führungskräfte) belegt werden kann. Im Bereich des People Development handelt es sich dagegen um eine tendenziell offene Ausrichtung. Hinsichtlich der Entwicklung existieren fachliche Leitlinien und Empfehlungen seitens der Zentrale. Die Planung, Umsetzung und Auswertung der Maßnahmen ist dabei ebenso Aufgabe der lokalen Geschäftseinheiten wie die Verwaltung und Steuerung der Ergebnisse.

U3 verfügt bisher über eine wenig standardisierte Personalentwicklung. Lediglich für das Top-Management existieren standardisierte Prozesse, deren Steuerung auch zentral erfolgt. Entwicklungsmaßnahmen anderer Ebenen werden eher unsystematisch und wenig bedarfsorientiert eingesetzt. Für den Gesamtkonzern beschreibt eine offene Personalentwicklung daher am ehesten die derzeitige strategische Ausrichtung. Im Interview wurde jedoch auch deutlich, dass innerhalb des Konzerns gerade ein Umdenken stattfindet, welches die ganzheitliche und systematische Entwicklung der Belegschaft stärker in den Fokus stellt.

U4 verfolgt tendenziell eine standardisierte Personalentwicklung. Das Unternehmen hat speziell für Führungskräfte konzernweit gültige „Leadership-Kriterien" definiert und regelt über den allgemeinen Teil der PE-Roadmaps auch den Rahmen für die operative Gestaltung von PE-Prozessen anderer Hierarchieebenen. Zudem werden die Ergebnisse sämtlicher Leistungsbewertungen in zentralen Pools gesammelt, so dass bei Know-how-Bedarf weltweit nach geeigneten Mitarbeitern gesucht werden kann. Auch bei den anderen befragten Unternehmen sind deutliche Unterschiede in der strategischen Ausrichtung und dem Reifegrad der Personalentwicklung erkennbar.

Das Unternehmen **U1** verfügt nur teilweise über ein standardisiertes PE-Konzept auf der Managementebene. Zwar existieren im Rahmen des Qualitätsmanagement[128] weltweit gültige standardisierte Vorgaben für den PE-Prozess, als problematisch wird jedoch die Umsetzung beschrieben. Der Global HR Manager des Unternehmens bezeichnet diese Standards als „Lippenbekenntnisse" und macht damit deutlich, dass die Definition von Prozessen oder Zielgrößen keinen positiven Effekt auf die Personalentwicklung haben kann, wenn das Commitment des Managements fehlt. Die Grundstrategie der Personalentwicklung (insb. des People Development) ist eher offen ausgerichtet. Sie gibt keine weit reichenden, verbindlichen Standards vor und überlässt den lokalen Geschäftseinheiten auch hinsichtlich der opera-

---

[128] Im Sinne des Qualitätsmanagement werden über alle Unternehmensfunktionen (auch PE-Prozesse) hinweg standardisierte Arbeitsabläufe geregelt und Verantwortung festgelegt. Dies dient der besseren Nachvollziehbarkeit und Rückverfolgbarkeit von Prozessen und der Sicherstellung festgelegter Qualitätskriterien. [Vgl. business-wissen.de (2009), Online.]

tiven Ausgestaltung der Personalentwicklung die alleinige Verantwortung.[129] Angestrebt wird mittel- bis langfristig eine instrumentenorientierte Personalentwicklung.

U5 verfolgt eine klare instrumentenorientierte Personalentwicklung. Da Personal mit den benötigten Kompetenzen nicht auf dem Markt zu finden ist, stellt Personalentwicklung für das Unternehmen einen wesentlichen strategischen Faktor dar. Demnach legt das Unternehmen besonderen Wert auf Qualifikationen, die dem Unternehmensstandard und dem Bedarf der jeweiligen Geschäftseinheit entsprechen und versucht dies durch standardisierte Instrumente und Prozesse sicherzustellen.[130]

Das Unternehmen U6 hat seine Personalentwicklung für die Managementebene weltweit standardisiert. Wie U4 hat auch U6 „Leadership-Kriterien" festgelegt, anhand derer das Kompetenzprofil der Führungskräfte regelmäßig in einem Skill-AC überprüft wird. Sog. Skill-Level stellen die Ergebnisse dieser Beurteilungsverfahren dar; sie werden zentral verwaltet. Im Hinblick auf das People Development tendiert das Unternehmen zu einer instrumentenorientierten Strategie. Hierbei werden die Themen Learning und Knowledge über standardisierte Prozesse und Instrumente global einheitlich abgedeckt.[131]

4.3.2 Wesentliche Erkenntnisse und Hintergründe

Bei den sechs betrachteten Unternehmen fällt auf, dass mit steigender Hierarchiestufe der Mitarbeiter auch der Grad der Standardisierung und der Zentralisierung von Personalentwicklung zunimmt. Speziell das Management Development ist in den aufgeführten MNU[132] tendenziell konzernweit standardisiert ausgerichtet. Demnach existieren konkrete und bindende Vorgaben zu den Kompetenzen, die von Führungskräften für unterschiedliche Stufen und Stellen benötigt werden. Ebenso sind die Prozesse zur Überprüfung und Förderung dieser Kompetenzen einheitlich definiert. Kulturelle und institutionelle Unterschiede finden im Rahmen eines standardisierten Management Development keine besondere Berücksichtigung hinsichtlich der Zielsetzung und der Förderungsprozesse.

Zur Erklärung der standardisierten Personalentwicklung kann zunächst die zunehmende Internationalisierung von Unternehmen herangezogen werden. Diese erfordert von Managern das Verständnis komplexer globaler Zusammenhänge und den sicheren Umgang mit der steigenden Dynamik der Märkte.[133] Führung wird folglich vielschichtiger als unter nationalen Bedingungen und induziert zusätzliche Anforderungen an (internationale) Führungskräfte. Ein besonderer Fokus der Personalentwicklung liegt daher auf der Förderung von interdisziplinärem Denken sowie der Verbesserung der Interaktion im interkulturellen Kontext.[134]

---

[129] Vgl. zu den PE-Konzepten U1 - Interview 1; vgl. auch U1 - Interview 7.
[130] Vgl. zu den PE-Konzepten U5 - Interview.
[131] Vgl. zu den PE-Konzepten U6 - Interview 6.
[132] Eine Ausnahme stellt das Unternehmen U5 dar.
[133] Vgl. Rath et al. (2006), S. 264.
[134] Vgl. Thomas/Stumpf (2003), S. 96; vgl. Siedenbiedel (2007), S. 180 f.

Neben diesen eher allgemein formulierten Kompetenzen werden die Anforderungen an die Managementebene vom Grad der Internationalisierung determiniert und konkretisiert. Dieser Grad ergibt sich aus der relativen Bedeutung von Auslandsgeschäften zum gesamten Unternehmen. Mit steigendem Anteil der Auslandsgeschäfte nimmt gleichzeitig auch die Bedeutung eines international ausgerichteten Managements zu.[135] Hiermit beschreibt Siedenbiedel das Management zwar primär als Funktion und nicht als Personenkreis, jedoch ist die Erfüllung dieser Funktion immer auch personenabhängig. Daraus lässt sich ableiten, dass die zuvor beschriebene Förderung interdisziplinären Denkens und interkultureller Kompetenz mit steigenden Auslandsanteilen an Wichtigkeit für den Erfolg eines MNU gewinnt.

Dies liefert jedoch noch keine unmittelbare Erklärung für die konzernweite Standardisierung von Management Development. Ausgehend von Unternehmen mit einer weit reichenden globalen Abdeckung besteht vermutlich die größte Herausforderung in der Steuerung bzw. Koordination der Komplexität des Konzerns. Insbesondere gilt dies für solche MNU, die ihre Wertschöpfung teilweise in Gastländer ausgelagert haben[136].

Ein Teil der Koordinationsleistung wird bereits durch die organisationale Struktur erbracht. Einen weiteren Beitrag leisten u. a. zentralisierte Berichts-, Planungs- und Qualitätssicherungssysteme (technokratische Instrumente). Um die auf die einzelnen Geschäftseinheiten verteilten Aktivitäten jedoch nach den global gültigen Unternehmenszielen abstimmen zu können, bedarf es zusätzlicher personenorientierter Steuerungsinstrumente.[137] So stellen sich der Führungsstil sowie PE-Maßnahmen, beispielsweise in Form von Qualifizierung oder Teamentwicklung, als geeignete Instrumente zur Unterstützung der Koordination von Teilaufgaben dar.[138]

Im internationalen Kontext erscheinen daher nach konzernweit gültigen Kompetenzprofilen entwickelte Führungskräfte als ein zentrales Instrument zur Steuerung steigender Komplexität von Unternehmungen.

Mit der zentralisierten und standardisierten Förderung von Führungskräften und potenziellen Führungskräften versuchen MNU zudem zwei weiteren Herausforderungen zu begegnen. Durch die Ausnutzung aller konzernweit verfügbaren Kompetenzen und eines globalen Know-how Transfers können Innovationen schneller und günstiger auf den Markt gebracht werden; ein entscheidender Faktor bei zunehmendem Preiswettbewerb in vielen Branchen. Daneben ist aufgrund demografischer Veränderung eine Abnahme leistungsfähiger Mitarbeiter zu verzeichnen.[139] Entsprechend ist auch eine Verknappung von Managementressourcen die Folge, so dass Unternehmen durch umfassende Förderung und Karrierepfade zum einen die Kompetenzprofile ihrer Manager auf ein einheitliches Niveau heben und zum anderen die Bindung an das Unternehmen stärken wollen.

---

[135] Vgl. Siedenbiedel (2007), S. 128 f.
[136] Vgl. Macharzina/Wolf (2005), S. 976. Dies entspricht auch der in Kapitel 2.2 festgelegten Arbeitsdefinition, nach der der Begriff MNU über Unternehmen mit Import- / Exportgeschäften hinausgeht.
[137] Vgl. Macharzina/Wolf (2005), S. 976, 475; vgl. auch Welge (1989), S. 1184.
[138] Vgl. Macharzina/Wolf (2005), S. 474 f.
[139] Vgl. Rath et al. (2006), S. 264.

Auch zur Bewältigung dieser Probleme muss effektive Koordination als Grundvoraussetzung erkannt werden, sowohl auf struktureller und technokratischer als auch auf personenorientierter Ebene. Dabei wird deutlich, dass das Koordinationsvermögen eines MNU entscheidend zur Sicherung der Wettbewerbsfähigkeit beiträgt.

Im Rahmen des Management Development werden bei einigen der befragten Unternehmen regelmäßige diagnostische Verfahren zur Identifikation und Evaluation von personengebundenen Potenzialen angewendet. Die so generierten Beurteilungsergebnisse werden i.d.R. zentral in einer Art Kompetenzpool verwaltet. Die konzernweite Transparenz über die Träger und Standorte von benötigtem Wissen und Fähigkeiten erleichtert einerseits den generellen Ausgleich von Ressourcen (Wissen und Wissensträger) über Landesgrenzen hinweg, andererseits trägt sie zur verbesserten und längerfristigen Nachfolgeplanung innerhalb des Konzerns bei[140]. Durch diese gezielte unternehmensweite Nutzung von Ressourcen können somit zeitgleich Vorteile aus Integration und Diversität nutzbar gemacht werden, denn besondere z.B. kulturbedingte Kompetenzen werden erst durch die zentrale Verwaltung auch an anderen Standorten sichtbar gemacht. Die Standardisierung und Zentralisierung der Personalentwicklung muss daher nicht zwingend zu einem Verlust kulturbedingter Merkmale führen sondern kann sogar eine effizientere Nutzung bewirken. Allerdings sind auch Interessenkonflikte zwischen Zentrale und den lokalen Geschäftseinheiten zu erwarten. Als problematisch können sich z.B. Bereichsegoismen erweisen, da lokale Geschäftseinheiten selbst auch daran interessiert sind, ihre Leistungsträger zu halten. Somit werden sie diese nur ungern im Sinne des Konzerns an andere Geschäftseinheiten abgeben[141].

Das People Development wird bei der Mehrzahl der befragten Unternehmen weniger aus der globalen Perspektive betrachtet und in geringerem Ausmaß als das Management Development zentral gesteuert. Dies könnte u. a. darauf zurückgeführt werden, dass der lokale PE-Bedarf wie auch die vorherrschende PE-Kultur wesentlich stärker von lokalen Rahmenbedingungen beeinflusst werden als von globalen Gegebenheiten.

Entlang der gezeichneten PE-Profile konnten einige deutliche Unterschiede in der Personalentwicklung von Deutschland, Ost-Mitteleuropa und den USA aufgezeigt werden. Es ist anzunehmen, dass diese geografisch bedingten Neigungen umso mehr Bedeutung haben, je weniger der einzelne Mitarbeiter von der Internationalität des MNU und folglich von anderen Kulturen direkt betroffen ist. Auf dieser Ebene kann es besonders schwierig sein standardisierte PE-Maßnahmen umzusetzen. Häufig folgen solch standardisierte Maßnahmen der Kultur des Stammlandes eines MNU, so dass den Mitarbeitern in den Gastländern diese Maßnahmen oder die Art der Durchführung fremd sind[142].

Es ist anzunehmen, dass mit zunehmendem Entwicklungsgrad von Mitarbeitern kulturell oder institutionell bedingte Differenzen zwischen den lokalen Geschäftseinheiten sukzessiv weg-

---

[140] Vgl. Gonin et al. (2007), S. 85.
[141] Vgl. U2 - Interview 2.
[142] Vgl. Briscoe et al. (2007), S. 201 f.

fallen. Folglich könnte sich damit auch die Akzeptanz standardisierter PE-Instrumente (der Fremdkultur) erhöhen.

Eine weitere Begründung für die tendenziell lokale Steuerung des People Developments findet sich bei der Betrachtung aus ökonomischer Perspektive. Aufgrund begrenzter PE-Ressourcen, einschl. des Budgets, erfolgt eine Segmentierung der Belegschaft nach rationalen Maßstäben in besonders förderungswürdige und weniger förderungswürdige Mitarbeitergruppen[143]. Demnach richtet sich der Fokus insbesondere auf die Potenzialträger der Managementebene, welche im Rahmen des Management Development zentral gefördert werden, während unteren Hierarchiestufen weniger Bedeutung beigemessen wird.

Auffällig ist, dass ein (anzunehmend) erfolgreiches Unternehmen wie U3 bisher keine ganzheitliche Personalentwicklung etablieren konnte und erst seit kurzer Zeit eine Veränderung in Richtung Standardisierung angestrebt wird. Im Interview mit dem Organisationsentwickler des Unternehmens U3 wurde deutlich, dass der Mitarbeiter in der bisherigen Unternehmens- und Personalpolitik noch nicht als strategischer Wettbewerbsfaktor erkannt und der Wert einer nachhaltigen Personalentwicklung damit verkannt wurde. Ein Unternehmen, welches als „Global Player" auftritt, muss diesem Bild nicht zwingend auch in seinem Inneren entsprechen. Dies zeigt sich auch beim Unternehmen U1. Das Unternehmen verfügt zwar z. T. über definierte Prozesse und Zielgrößen auf Managementebene, die Umsetzung erfolgt jedoch mangels Management Commitment defizitär.

In beiden Fällen handelt es sich um Unternehmen aus dem produzierenden Gewerbe. Die Betrachtung der Historie solcher Branchen kann Hinweise auf die Motive, welche auf die Ausrichtung der Personalpolitik und den Stellenwert der Mitarbeiter für den Unternehmenserfolg ursprünglich eingewirkt haben, geben. Angelehnt an den tayloristischen Ansatz der Trennung von Kopf- und Handarbeit[144] wurde der Mensch lange Zeit mehr als (mechanistischer) Produktionsfaktor denn als Individuum betrachtet.[145] Zwar hat der Mensch aus ökonomischen und sozialen Beweggründen längst einen anderen Stellenwert erlangt, jedoch sind Unterschiede in seiner Bedeutung zwischen produktionsorientierten und dienstleitungsorientierten Branchen anzunehmen.

Dass es sich hierbei um die Beschreibung eines Durchschnitts handelt und diese Annahme somit nicht für alle Unternehmen einer Branche haltbar sein kann, zeigt der direkte Vergleich zwischen den Unternehmen U1, U3 und U4. Unter den befragten Unternehmen der Automobilindustrie steht U4 für „Best Practice", während sich die Personalentwicklung von U1 und von U3 selbst noch in der Entwicklung befindet. Ein konkretes Branchenbild lässt sich hieraus jedoch nicht ableiten.

---

[143] Vgl. Becker (2005), S. 267.
[144] Vgl. hierzu weiterführend z. B. Hebeisen (1999).
[145] Vgl. Wöhe (2002), S. 83.

4.3.3 Handlungsempfehlungen

Im Rahmen der wesentlichen Erkenntnisse wurde deutlich, dass zwischen den abgebildeten Unternehmen diverse Unterschiede bestehen: nach ihrer Branche, nach ihrer Größe, nach ihrer strategischen Orientierung sowie nach der strategischen Ausrichtung ihrer Personalentwicklung.

Diese Vielfalt gibt einen Hinweis darauf, wie differenziert MNU betrachtet werden müssen und zeigt zugleich auf, wie verschieden Handlungsempfehlungen ausfallen können.

Daher sollen an dieser Stelle Handlungsempfehlungen jeweils für einen spezifischen Sachverhalt bzw. ein konkretes Ziel entwickelt werden. Auf generelle Empfehlungen zur Personalentwicklung wird verzichtet.

MNU verfügen über ein breites internationales Know-how Portfolio und können dieses Wissen und diese Fähigkeiten konzernweit nutzbar machen:

→ Über zentral gesteuerte Kompetenzpools können die Kompetenzprofile von Spezialisten und Führungskräften weltweit transparent gemacht werden.

→ Wissen kann beispielsweise über Web 2.0 Lösungen überall verfügbar gemacht werden und kann durch Partizipation gleichzeitig zur Entwicklung des Personals beitragen.

Die Abnahme leistungsfähiger Mitarbeiter und der gleichzeitig wachsende Bedarf können langfristig zu Personalengpässen führen:

→ Die Unternehmen müssen den globalen Arbeitsmarkt für die Suche nach Potenzialträgern nutzen. Zudem bedarf es definierter Kompetenzprofile und entsprechender diagnostischer Verfahren um solche Potenzialträger auch erkennen zu können.

→ Auch hier bieten sich Kompetenzpools an, um einen schnellen Ressourcenausgleich zu ermöglichen.

→ Der Nachfolgeplanung und dem Placement kommt eine besondere Bedeutung zu, um mittel- bis langfristig die Mitarbeiterbindung zu stärken.

Die zunehmende Komplexität in MNU erfordert eine hohe Koordinationsfähigkeit:

→ Eine einheitliche Qualifikation von Führungskräften kann die Steuerbarkeit eines Unternehmens über Landesgrenzen hinweg erleichtern. Unter diesem Aspekt sind sowohl eine zentrale Steuerung als auch standardisierte Prozesse erforderlich.

MNU sind in Ländern mit z. T. sehr unterschiedlichen externen Rahmenbedingungen vertreten und können auch Vorteile aus dieser Diversität ziehen:

→ Um kulturspezifische Kompetenzen nutzen zu können bietet sich die Bildung multikultureller Teams an. Um einen Negativeffekt aufgrund von Missverständnissen zu vermeiden, sind die Teammitglieder entsprechend vorzubereiten, z. B. durch interkulturelles Training. Dies gilt gleichermaßen für virtuelle und reale Teams.

→ Kosteneinsparungen durch die Zentralisierung von Funktionen können weiter erhöht werden, wenn jeweils der optimale Standort gewählt wird. Dieser muss nicht der Zentrale entsprechen.

→ Erfolgreiche PE-Lösungen anderer Standorte können für alle Geschäftseinheiten nutzbar gemacht werden: Good Practice Sharing (Konzept von U2)

Mitarbeiter verschiedenster Hierarchiestufen sind zunehmend an internationalen Karrieren interessiert:

→ MNU sollten internationale Karrieren systematisch fördern und für eine optimale Vorbereitung, Betreuung und Nachbereitung von Auslandseinsätzen Sorge tragen. Zum einen erhöht dies die Erfolgsaussichten von Auslandseinsätzen und zum anderen kann dadurch auch eine stärkere Bindung des Mitarbeiters an das Unternehmen erzielt werden.

Bei den aufgezeigten Sachverhalten und Zielen handelt es sich um eine Auswahl, die im Zusammenhang mit den gewonnenen Erkenntnissen und den aktuellen Entwicklungen aus Autorensicht als besonders erwähnenswert erscheint. Neben diesen MNU-spezifischen Anforderungen sind auch allgemeine Themen der Personalentwicklung zu beachten.

4.4 Ein Blick in die Zukunft

In Anbetracht des unabwendbaren globalen Wandels und der Flüchtigkeit von Stabilität erscheint ein abschließender Blick auf die aktuelle wirtschaftliche Situation und die daraus resultierenden Konsequenzen für die Personalentwicklung angebracht. Im Rahmen der Interviews wurden die Gesprächspartner daher zu den konkreten Auswirkungen der Finanz- und Wirtschaftskrise und der Bedeutung für den Stellenwert der Personalentwicklung befragt.

4.4.1 Umgang mit der Finanz- und Wirtschaftskrise

Im Kern sind sich die befragten HR-Experten einig: Die derzeitige wirtschaftliche Situation muss sich nicht zwingend negativ auf die Personalentwicklung auswirken.

Bei professionellem Krisenmanagement können Unternehmen und ihre Personalentwicklung auch gestärkt aus der Krise gehen[146]. Gutes Krisenmanagement bedeutet in diesem Zusammenhang zunächst, dass Unternehmen den besonderen Stellenwert der Personalentwicklung hinsichtlich des Erhalts ihrer Wettbewerbsfähigkeit erkennen. Das derzeit niedrige Arbeitspensum im Tagesgeschäft ermöglicht es den Unternehmen, sich mit der Überprüfung ihrer PE-Konzepte und -Strategien auseinanderzusetzen und den Nutzen der Inhalte vor dem Hintergrund der Effizienzsteigerung zu hinterfragen[147]. Konkret bedeutet dies auch, dass Trainingsmaßnahmen beispielsweise intern durchgeführt und Reisekosten für PE-Maßnahmen reduziert werden. Auch die Auslastung von Schulungen (Mindestanzahl von Teilnehmern festlegen) kann erhöht werden. Maßnahmen, auf die derzeit verzichtet werden kann, sollten auf ihren generellen und zukünftigen Nutzen hin genau überprüft werden.[148] Zudem kann der krisenbedingte Personalabbau gleichzeitig auch zur Ausweitung der Aufgabengebiete fähiger und leistungsstarker Mitarbeiter führen und somit indirekt Personal entwickeln[149].

Das weit reichende Aussetzen der Personalentwicklung wird von den Befragten aufgrund der strategischen Bedeutung nicht in Erwägung gezogen. Dies gilt besonders für die Entwicklung und Förderung des Bereichs Forschung und Entwicklung[150]. Die negativen Folgen wären kaum absehbar und würden sich zeitlich verzögert vermutlich erst in 12-18 Monaten bemerkbar machen[151]. Damit würden sich die Unternehmen einer „hausgemachten" Krise gegenübersehen, der sie lediglich reaktiv begegnen könnten. Dieser Handlungsdruck ließe ganzheitliche und nachhaltige Überlegungen vermutlich nicht zu, so dass mit einer langfristigen Schädigung der Wettbewerbsfähigkeit zu rechnen wäre.

Allerdings kann das Krisenmanagement auch viel Überzeugungsarbeit seitens der PE-Verantwortlichen erfordern. Um die aufgezeigten positiven Effekte während der bzw. durch die Krise erzielen zu können, ist das Commitment des Managements unerlässlich. Aufgabe der Personalentwicklung ist es hier, die Nachhaltigkeit und hier besonders die Wertschöpfungsorientierung belegen zu können.[152] Das gilt umso mehr, je weniger das Top-Management seinen Fokus auf den Faktor Personal legt.

---

[146] Vgl. U1 - Interview 1.
[147] Vgl. U3 - Interview 3.
[148] Vgl. U3 - Interview 3; vgl. U5 - Interview 5; vgl. U6 - Interview 6.
[149] Vgl. U1 - Interview 1.
[150] Vgl. U4 - Interview 8.
[151] Vgl. U5 - Interview 5.
[152] Vgl. U2 - Interview 2.

4.4.2 Entwicklungstendenzen der Personalentwicklung

Im Verlauf der Interviews wurden die Gesprächspartner zudem nach ihrer persönlichen Meinung zur weiteren Trendrichtung der Personalentwicklung in MNU befragt. Für alle Befragten stellt weiterhin das Thema Internationalisierung bzw. Globalisierung der Personalentwicklung eine der größten Herausforderungen der nächsten zehn Jahre dar. Dabei müssen sich Unternehmen die zentrale Frage was global und was lokal geregelt werden kann durch die zunehmende Dynamik und wachsende Komplexität immer wieder neu beantworten.

Im Einzelnen wurden von den HR-Experten folgende Entwicklungstendenzen für die Personalentwicklung genannt:

- Personalentwicklung wird aufgrund der Knappheit von leistungsstarkem Personal dramatisch an Bedeutung gewinnen. Unternehmen, die das nicht erkennen, werden sich langfristig nicht am Markt positionieren können.[153]

- Es werden zunehmend mehr Mitarbeiter eine internationale Karriere anstreben und sich über Landesgrenzen hinweg bewegen. Dies ermöglicht eine Verbesserung des weltweiten Ressourcenausgleichs und rückt damit des Thema Diversity in den Vordergrund.[154]

- Die Landesgrenzen werden zukünftig verschwimmen, so dass in großen MNU von „einer Workforce" gesprochen werden kann. Die Herkunft der Mitarbeiter wird an Bedeutung verlieren, da Unternehmen Pools mit ihren weltweit besten Mitarbeitern verwalten. Dafür ist eine gemeinsame Sprache in Form von standardisierten PE-Prozessen und PE-Instrumenten sowie einheitlichen Kompetenzprofilen wesentlich.[155]

- In großen MNU wie U6 werden weniger Standorte lokal gesteuert werden. Die Tendenz zur Zentralisierung und Standardisierung wird neben der Personalentwicklung auch sämtliche anderen Funktionen betreffen. Allerdings bedingt dies eine bestimmte Unternehmensgröße und eine weltweite Abdeckung durch die Geschäftseinheiten.[156]

- Professionelles Talentmanagement wird langfristig als strategischer Wettbewerbsfaktor erkannt und zentralisiert.[157]

- Die Schlagworte Employability oder Career Self Reliance werden häufiger fallen. Die Eigenverantwortung der Mitarbeiter für ihre individuellen Karrierepfade wird weiter gesteigert werden. Besonders stark wird sich dies an Standorten geringeren Reifegrades auswirken.[158]

---

[153] Vgl. U5 - Interview 5.
[154] Vgl. U6 - Interview 6; vgl. U4 - Interview 8.
[155] Vgl. U2 - Interview 2; vgl. U6 - Interview 6; vgl. U4 - Interview 8.
[156] Vgl. U6 - Interview 6.
[157] Vgl. U4 - Interview 8.
[158] Vgl. U3 - Interview 3; vgl. U5 - Interview 5; vgl. U6 – Interview 6.

- In Ost-Mitteleuropa werden quantitativer und qualitativer Bedarf an Personalentwicklung weiter zunehmen. Problematisch an neuen, schnell wachsenden Märkten ist der Mangel an ausreichend qualifiziertem Personal. So wird die Personalentwicklung insbesondere bei der Erschließung neuer Märkte „...dem Bedarf daher immer hinterher rennen"[159],[160].

- Personalentwicklung wird in stärkerem Maße im Hinblick auf ihre Nachhaltigkeit und Zukunftsorientierung hinterfragt und systematisch überprüft werden.[161]

- Das Top-Management von MNU wird zukünftig durch multikulturelle Leadership-Teams repräsentiert werden.[162]

- Trend wird das Konzept der „globally integrated enterprise". Danach werden Funktionen dort zentralisiert, wo die meisten standortspezifischen Vorteile zu erwarten sind.[163]

4.5 Zusammenfassung

Stellenwert und strategische Ausrichtung der Personalentwicklung stehen in unmittelbarem Zusammenhang mit der Politik und Strategie des Unternehmens, welche von unterschiedlichen Faktoren determiniert werden. In Abhängigkeit von den vorherrschenden Markt- und Rahmenbedingungen folgen MNU globaler Branchen einer Integrationsstrategie. Die Standardisierung und Zentralisierung einzelner Funktionsbereiche ermöglicht die Generierung von Wettbewerbsvorteilen über Skalen- und Verbundeffekte.

Im Sinne der Nachhaltigkeit ist es erforderlich, die Personalentwicklung an der Unternehmensstrategie auszurichten und die Inhalte in einer eigenen PE-Strategie zu verankern. Die vier Grundtypen der strategischen Ausrichtung müssen sich nicht zwingend auf die gesamte Personalentwicklung beziehen. Bei den befragten Unternehmen ist eine Tendenz zur standardisierten Personalentwicklung mit zunehmender Hierarchiestufe der Zielgruppe erkennbar. Demnach wird überwiegend das Management Development zentral gesteuert und über einheitliche Prozesse realisiert. Als Ursache lassen sich unterschiedliche Faktoren identifizieren. Der Grad der Internationalisierung entscheidet über den Bedarf eines international ausgerichteten Managements und entsprechend qualifizierter Führungskräfte. Die Größe des MNU und die Intensität der globalen Abdeckung wirken sich auf den Koordinationsbedarf aus, so dass bei begrenzten strukturellen und technokratischen Koordinationsmöglichkeiten die konzernweit einheitliche Qualifizierung von Führungskräften als wichtiges Steuerungsinstrument an Bedeutung gewinnt.

---

[159] U2 - Interview 2.
[160] Vgl. U2 - Interview 2.
[161] Vgl. U4 - Interview 4.
[162] Vgl. U4 - Interview 4.
[163] Vgl. U6 - Interview 6; vgl. U4 - Interview 8.

Für die Zukunft wird auch weiterhin die größte Herausforderung der Personalentwicklung in der Bewältigung der Konsequenzen von zunehmender Internationalisierung bestehen. Wird dem Thema Nachhaltigkeit mehr Beachtung geschenkt, kann die Finanz- und Wirtschaftskrise auch mit einer für die Personalentwicklung positiven Bilanz überstanden werden.

Teil 5 Schlussbetrachtung

Think global – but how to act? Diese Frage bringt die zentralen Problemstellungen dieser Studie auf den Punkt und die einfache Antwort darauf lautet: „Je nach dem!"

In Abhängigkeit von der Intensität der globalen Abdeckung, ihrer Größe und dem Grad der Internationalisierung müssen MNU die strategische Ausrichtung ihrer Personalentwicklung bestimmen. Hinzu kommen weitere Einflussfaktoren, die im Zusammenhang mit den externen Rahmenbedingungen der jeweiligen Standorte stehen. So kann kein für alle gültiger „one best way" existieren, an dem sich MNU mit Erfolgsgarantie orientieren können. Zugleich kann es sich jedoch als hilfreich erweisen, Best Practice Lösungen anderer Unternehmen in der Entscheidungsfindung zu berücksichtigen ohne dabei die eigenen Besonderheiten zu vernachlässigen.

Die Auswertung der Interviewergebnisse hat gezeigt, dass sich sowohl Stellenwert als auch Strategien der Personalentwicklung in der Praxis von MNU deutlich voneinander unterscheiden. Unter Beachtung der drohenden Verknappung von Managementressourcen und leistungsfähigen Mitarbeitern wird Personalentwicklung mehr und mehr zum strategischen Wettbewerbsfaktor um auf globalen und lokalen Märkten bestehen zu können. Daher nimmt auch das Management Development eine wesentliche Rolle bei der Mehrzahl der befragten Unternehmen ein – mit einer Entwicklungstendenz zur Standardisierung und Zentralisierung. Diese Tendenz wird sich mit zunehmender Komplexität der Unternehmens- und Marktstrukturen noch weiter verstärken, um die erforderliche Koordinationsleistung erbringen zu können.

Bei der Analyse der drei Standortregionen Deutschland, USA und Ost-Mitteleuropa wurden kulturelle und institutionelle Besonderheiten deutlich, die eine Standardisierung der Personalentwicklung – also „globales Handeln" – erschweren können. Gleichzeitig können MNU diese Diversität aber erst durch die zentrale Steuerung und Verwaltung von Kompetenzpools gezielt nutzen. Dieses Paradoxon zwischen Integration und Differenzierung gilt es daher in Zukunft zu managen.

Danksagung

Da ich mich mit einem Thema beschäftigen konnte, dass mich auch nach mehreren anstrengenden Monaten weiter begeistert, kann ich nur positiv auf diese Zeit zurückblicken. Aber auch die Menschen, die mich in dieser Zeit begleitet haben, tragen ihren Anteil an der positiven Bilanz.

Daher gilt mein Dank H. R. für seine konstruktiven Hinweise im Rahmen der vorliegenden Studie.

Als persönlichen Gewinn sehe ich den Kontakt zu B. K. Die spontan zugesagte Unterstützung und die kritischen, aber konstruktiven Anregungen während des ersten Interviews waren sehr hilfreich und zielführend für den weiteren Verlauf der Untersuchung. Dafür möchte ich ihm von Herzen danken.

Ganz besonderen Dank möchte ich all meinen Interviewpartnern für die offenen Einblicke in ihre Unternehmensstrukturen und vor allem für die Zeit, die sie für mein persönliches Fortkommen bereit waren zu investieren, ausdrücken. Ohne diese keinesfalls selbstverständliche Unterstützung hätte ein Buch in dieser Form nicht zustande kommen können.

Neben dem unmittelbaren und elementaren Anteil am Entstehen des Buches sehe ich die geschilderten Erfahrungen auch als persönliche und sehr wertvolle Bereicherung an. Ich habe die Gespräche als überaus interessant, konstruktiv und vielseitig erleben können.

Von ganzem Herzen danke ich meiner Mutter, die mir jederzeit zur Seite stand und mich auf meinem Weg selbstlos unterstützt hat – stets ohne Zweifel an meinem Tun. Danken möchte ich auch meiner Tante und T. G., weil sie sich den Mühen des Korrekturlesens so bereitwillig ausgesetzt haben.

Darüber hinaus möchte ich gerne noch alle anderen Wegbegleiter erwähnen, die ihren Teil zur Entstehung dieses Buches beigetragen haben. Vielen Dank für die Geduld, Rücksicht und Zeit.

Koblenz, 2010   Anna-Katharina Glahn

Anhang

Im Zeitraum vom 28.11.2008 bis 08.01.2009 konnten ca. 45-60-minütige (Telefon-) Interviews mit HR-Experten verschiedener multinationaler Unternehmen geführt werden.

Um praktische Eindrücke zu den zentralen Fragestellungen der vorliegenden Studie gewinnen zu können, wurde ein Leitfaden für ein strukturiertes Interview erstellt. Für Abweichungen von diesem Leitfaden wurde während der Gespräche Freiraum gelassen. So dass sich teilweise zusätzliche Fragen ergaben bzw. Fragen gestrichen wurden.

Interviewleitfaden:

Personalentwicklung in multinationalen Unternehmen

Teil 1: Unternehmensdaten

1. Unternehmen
2. Gesprächspartner: Name und Position
3. Branche
4. Mitarbeiterzahl gesamt
5. Standorte in DE, USA und Ost-Mitteleuropa (OME = u. a. Polen, Tschechien, Ungarn)

    → Standort Headquater

Teil 2: Organisation der Personalentwicklung in Ihrem Unternehmen

1. Was ist PE für Sie – wie definieren Sie den Begriff in Kürze?
2. Welchen Stellenwert hat PE in Ihrem Unternehmen (Rolle)?
3. Wie ist die PE in Ihrem Unternehmen organisatorisch eingegliedert?
    - Lokal und global (Jeweils eigene PE-Abt an den Standorten?)
    - Im Organigramm (HR und PE)

4. Wie ist die Verantwortung für PE geregelt?

- Managementebene
- PE → Welchen Einfluss hat die PE-Abteilung auf PE-Entscheidungen?
- FK
- MA

Teil 3: Personalentwicklung in Ihrem Unternehmen

1. PE-Strategie

    - Globale „Konzernstrategie": Inhalte (Mindestanforderungen an PE vorhanden?)
    - Wie ordnen Sie Ihre PE-Strategie ein hinsichtlich der zwei Faktoren Standardisierung und Zentralität ein (vgl. Abbildung 1 S.)?
    - Lokale Freiräume:
        - Sind Freiräume vorhanden? Welcher Art sind die Freiräume?
        - Sind diese Freiräume von der Hierarchiestufe des zu entwickelnden Personals abhängig?

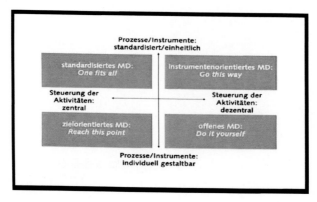

Abbildung 1: Management Development [Quelle: DGFP (2008), Online.]

2. PE-Methoden

- o Der Einsatz des Instrumentariums der PE (Training, Coaching etc.) kann unterschiedliche Ziele und Zwecke verfolgen. Welche standortspezifischen Unterschiede bestehen im Einsatz der Instrumente? Welche Instrumente werden kulturbedingt (in DE, USA und OME) eher angenommen bzw. abgelehnt?
  - Nach Mitarbeitergruppen (Hierarchiestufen)
  - Nach Zweck der PE (z. B. into/along/on the job)

Teil 4: Externe Rahmenbedingungen der Personalentwicklung in MNU

Die externen Rahmenbedingungen der Personalentwicklung weichen in den zu vergleichenden Regionen deutlich voneinander ab. Hierunter sind die nationale Arbeitskultur, rechtliche Aspekte sowie das jeweilige Bildungssystem zu verstehen.

1. Welche Unterschiede in der national geprägten Arbeitskultur (hinsichtlich Leistungsorientierung, Zukunftsorientierung, Führungsstil, Zielsetzung und Arbeitsweise sowie Kommunikation) fallen Ihnen besonders auf?

2. Welche Unterschiede in den Bildungssystemen sind im Hinblick auf die Konzernpersonalentwicklung Ihrer Meinung nach besonders hervorzuheben?

3. Gibt es in den genannten Regionen rechtliche Aspekte, die sich auf die lokale Umsetzung Ihrer globalen PE-Strategie begrenzend / fördernd auswirken?

Teil 5: Tendenzen und Ausblick

1. Aktuelle Situation und Entwicklung der PE in Ihrem Unternehmen
   - o Gibt es z. Z. konkrete Projekte, die eine Veränderung Ihrer PE-Strategie zum Ziel haben?
   - o Erschweren die kulturbedingt divergierenden Rahmenbedingungen die erfolgreiche Umsetzung dieser Projekte? Und inwiefern?
   - o Wie wirkt sich die derzeitige Finanz- und Wirtschaftskrise auf die PE in Ihrem Unternehmen aus?

2. Allgemeine Entwicklungstendenzen

    o Welche jeweiligen Entwicklungstendenzen sehen Sie im Hinblick auf den PE-Bedarf (qualitativ und quantitativ) der Standorte DE, USA und OME?

    o Wie wird sich die Personalentwicklung multinationaler Unternehmen in den nächsten zehn Jahren entwickeln? Spielt das Thema Standardisierung dabei eine Rolle (vgl. auch Abbildung 1)?

Interviews mit Unternehmensvertretern

	Unternehmen	Unternehmensvertreter
U1	• Automobilbranche • < 100.000 Mitarbeiter	• Global HR Manager (Interview am 28.11.2008) • Personalreferentin für Fach- u. Führungskräfte und Leiter Personalentwicklung (Interview am 07.01.2009)
U2	• Logistikbranche • > 400.000 Mitarbeiter	• Personalentwicklung (Interview am 10.12.2008)
U3	• Automobilbranche • > 250.000 Mitarbeiter	• Organisationsentwicklung (Interview am 11.12.2008)
U4	• Automobilbranche • > 250.000 Mitarbeiter	• Internationale Führungskräfteentwicklung und Talentmanagement (Interview am 17.12.2008) • Key Account Executive HR Finance & Controlling (Interview am 08.01.2009)
U5	• IT-Branche • < 10.000 Mitarbeiter	• Personalentwicklung global (Interview am 19.12.2008)
U6	• Elektrotechnik-/IT-Branche • > 250.000 Mitarbeiter	• HR Leader Global Business Services (Interview am 06.01.2009)

Literaturverzeichnis

Adler (2002)
Adler, Nancy J.: International Dimensions of Organizational Behavior. 4th Edition, South-Western, Cincinnati 2002.

AGG
Allgemeines Gleichbehandlungsgesetz
Online am 07.12.2008
URL: http://www.gesetze-im-internet.de/agg/index.html

arbeitsagentur.de (2008)
Online am 24.11.2008
URL:
http://www.arbeitsagentur.de/nn_26014/Navigation/zentral/Buerger/Ausbildung/Ausbildungswege/Wege-Nav.html#d1.1

Baranowska (2008)
Baranowska, Anna: Poland
In: Kogan et al. (Hrsg.): Europe enlarged. A handbook of education, labour and welfare regimes in Central and Eastern Europe. Policy Press, Bristol 2008, S. 269-294.

Basham et al. (2007)
Basham, Patrick / Merrifield, John / Hepburn, Claudia R.: Home Schooling: From the Extrem to the Mainstream. 2nd Edition, The Fraser Institute, Vancouver 2007.
Online am 30.11.2008
URL: http://www.homeschooling.de/fraser2007.pdf

BBiG
Berufsbildungsgesetz
Online am 07.12.2008
URL: http://www.gesetze-im-internet.de/bbig_2005/index.html

Becker (2007)
Becker, Manfred: Die neue Rolle der Personalentwicklung.
In: Thom/Zaugg (Hrsg.): Moderne Personalentwicklung – Mitarbeiterpotenziale erkennen, entwickeln und fördern. 2. Aufl.; Gabler Verlag, Wiesbaden 2007, S. 41-62.

Becker (2005)
Becker, Manfred: Personalentwicklung – Bildung, Förderung und Organisationsentwicklung in Theorie und Praxis. 2. Aufl., Schäffer Poeschel, Stuttgart 2005.

Behr/Dunkel (2006)
Behr, Marhild von / Dunkel, Wolfgang: Globalisierung und Arbeitskultur – neue Anforderungen für die Arbeitsforschung.
Online am 10.11.2008
URL: http://www.int-kult.de/pdf/GfA2006_INT-KULT.pdf

Bergemann/Sourisseaux (Hrsg.)
Bergemann, Niels / Sourisseaux, Andreas L. J. (Hrsg.): Interkulturelles Management. 3. Aufl., Springer Verlag, Berlin u. a. 2003.

Berthel/Becker (2003)
Berthel, Jürgen / Becker, Fred G.: Personal-Management. Grundzüge und Konzeptionen betrieblicher Personalarbeit. 7. Aufl.; Schäffer-Poeschel Verlag, Stuttgart 2003.

berlin.de (2008)
Online am Online am 07.12.2008
URL:
http://www.berlin.de/imperia/md/content/hjav/berliner_bildungsurlaubsgesetz.pdf

BetrVG
Betriebsverfassungsgesetz: § 92a Beschäftigungssicherung; § 96 Förderung der Berufsausbildung.
Online am 07.12.2008
URL: http://www.gesetze-im-internet.de/betrvg/index.html

BIBB (2006)
Schaubilder zur Berufsbildung - Strukturen und Entwicklungen. Bundesinstitut für Berufsbildung, Bonn 2006.
Online am 14.12.2008
URL: http://www.bibb.de/dokumente/pdf/a22_ausweitstat_schaubilder_heft-2006.pdf

bildungsurlaub.info (2008)
Online am 07.12.2008
URL: http://www.bildungsurlaub.info/

Blum/Zaugg (2007)
Blum, Adrian / Zaugg, Robert J.: 360-Grad-Feedback – Komplexe Arbeitsbeziehungen erfordern differenzierte Feedbacksysteme.
In: Thom/Zaugg (Hrsg.): Moderne Personalentwicklung – Mitarbeiterpotenziale erkennen, entwickeln und fördern. 2. Aufl.; Gabler Verlag, Wiesbaden 2007, S. 65-82.

bmbf.de (2008)
Online am 02.12.2008
URL: http://www.bmbf.de/de/3336.php

bpb.de (2008a-b)
a) Online am 02.12.2008
URL: http://www.bpb.de/publikationen/07975789570619286412217165483694,1,0,Bildung ssystem_im_%DCbergang.html
b) Online am 02.12.2008
URL: http://www.bpb.de/publikationen/07975789570619286412217165483694,3,0,Bildung ssystem_im_%DCbergang.html#art3

Briscoe et al. (2007)
Briscoe, Dennis R. / Schuler, Randall S. / Claus, Lisbeth: International human resource management – policy and practice for multinational enterprises. 3rd Edition, Routledge, New York 2007.

Brockhaus (2004)
Der Brockhaus Wirtschaft. Betriebs- und Volkswirtschaft, Börse, Finanzen, Versicherungen und Steuern. F. A. Brockhaus Verlag, Leipzig u. a. 2004.

Bornschier/Chase-Dunn (1985)
Bornschier, Volker / Chase-Dunn, Christopher: Transnational Corporations and Underdevelopment. Praeger Verlag, New York 1985.

Böhme (2003)
Böhme, Karsten: Strategische Personalentwicklung: nutzen Sie das Potenzial Ihrer Mitarbeiter. Luchterhand Verlag, München u. a. 2003.

Brinkhaus (1995)
Brinkhaus, Frank: Personalentwicklung in multinationalen Unternehmen: eine empirische Analyse der Personalentwicklungsansätze ausgewählter multinationaler Unternehmen der chemischen Industrie im britischen Kulturkontext. Lang Verlag, Frankfurt am Main u. a. 1995.

Busemeyer (2007)
Busemeyer, Marius R.: Bildungspolitik in den USA. Eine historisch-institutionalistische Perspektive auf das Verhältnis von öffentlichen und privaten Bildungsinstitutionen.
Online am 03.12.2008
URL: http://edoc.mpg.de/get.epl?fid=49583&did=318192&ver=0

business-wissen.de (2009)
Online am 04.01.2009
URL: http://www.business-wissen.de/qualitaet/iso-9000/anwenden-umsetzen/qualitaetsmanagement-struktur-und-einfuehrung-der-din-en-iso-9001.html

Capgemini Consulting (2004)
Capgemini Consulting: HR-Barometer 2004/2006 – Bedeutung, Strategien, Trends in der Personalarbeit. Berlin 2004.
Online am 23.10.2008
URL: http://www.de.capgemini.com/m/de/tl/HR-Barometer_2004_2006.pdf

coachingdachverband.at (2009)
Interessenvertretung für professionelles Coaching
Online am 10.01.2009
URL: http://coachingdachverband.at/index_html?id=90&xo=15801&searchkey=&buchstabe=C

DGFP (2008)
Deutsche Gesellschaft für Personalführung
Videopodcast Archiv 2008 „Management Development", Düsseldorf 2008.
Online am 01.11.2008
URL: http://www1.dgfp.com/dgfp/data/videopodcast/index.php

Domsch et al. (1999)
Domsch, Michel E. / Lieberum, Uta B. / Strasse, Christiane: Personalmanagement in deutsch-polnischen Joint Ventures - Auswirkungen kultureller Aspekte auf die Personalbeschaffung und Personalentwicklung. Gabler Verlag, Wiesbaden 1999.

Dowling et al. (2008)
Dowling, Peter J. / Festing, Marion / Engle / Allen D. Sr.: International Human Resource Management – Managing people in a multinational context. 5th Edition, Thomson, London 2008.

Dreves (2002)
Dreves : Wanderungsbefragung 2001, Hannover und andere Großstädte aus Sicht von Fort- und Zugezogenen. Landeshauptstadt Hannover – Der Oberbürgermeister (Hrsg.) 2001.
Online am 28.11.2008
URL: http://www.demografie-und-raum.nrw.de/download/wmu-hannover-2002.pdf

Dülfer/Jöstingmeier (2008)
Dülfer, Eberhard / Jöstingmeier, Bernd: Internationales Management in unterschiedlichen Kulturbereichen. 7. Aufl., Oldenbourg Verlag, München u. a. 2008

ec.europa.eu (2008)
Online am 07.12.2008
URL: http://ec.europa.eu/employment_social/esf/index_de.htm

ed.gov (2008)
U. S. Department of Education
Online am 01.12.2008
    URL: http://www.ed.gov/about/offices/list/ous/international/usnei/us/edlite-orgus.html

educationusa.state.gov (2008)
Online am 01.12.2008
URL: http://educationusa.state.gov/undergrad/pubs.htm

Einsiedler et al. (2003)
Einsiedler, Herbert E. / Breuer, Kathrin / Hollstegge, Sabine: Organisation der Personalentwicklung - strategisch ausrichten, zielgenau planen, effektiv steuern. 2. Aufl., Luchterhand Verlag, München u. a. 2003.

eu-community.daad.de (2008a-d)
a) Stichwort: Polen
Online am 03.12.2008
    URL: http://eu-community.daad.de/ci_pl_ik.0.html
b) Stichwort: Tschechien
Online am 03.12.2008
    URL: http://eu-community.daad.de/ci_cz_ik0.0.html
c) Stichwort: Ungarn
Online am 03.12.2008
    URL: http://eu-community.daad.de/ci_be_ik0.0.html
d) Stichwort: Slowenien
Online am 03.12.2008
    URL: http://eu-community.daad.de/ci_si_ik.0.html

fokus.de (2008)
Online am 07.11.2008
    URL: http://www.focus.de/karriere/management/interkulturelle-kompetenz/kulturunterschiede/usa_aid_19765.html

Füller (2008)
Füller, Christian: Irrtum Gesamtschule. Wie aus dem Reformtraum ein Alptraum wurde. Spiegel Online – Schulspiegel, Hamburg 2008.
Online am 25.11.2008
URL: http://www.spiegel.de/schulspiegel/wissen/0,1518,545271,00.html

Gonin et al. (2007)
Gonin, Nicolas / Fahrni, Daniel / Knecht, Rahel: Management-Development-Systeme. In: Thom/Zaugg (Hrsg.): Moderne Personalentwicklung – Mitarbeiterpotenziale erkennen, entwickeln und fördern. 2. Aufl.; Gabler Verlag, Wiesbaden 2007, S. 83-100.

Haller et al. (Hrsg.)
Haller, Matthias / Bleicher, Knut / Brauchlin, Emil / Pleitner, Hans-Jobst / Wunderer, Rolf / Zünd, André (Hrsg.): Globalisierung der Wirtschaft - Einwirkungen auf die Betriebswirtschaftslehre. Paul Haupt Verlag, Bern u. a. 1993.

Haseborg (2005)
Haseborg, Volker ter: Homeschooling - Bibellehre statt Sexualkunde. Spiegel Online - Schulspiegel, Washington 2005.
Online am 30.11.2008
URL: http://www.spiegel.de/schulspiegel/0,1518,355582,00.html

Hebeisen (1999)
Hebeisen, Walter: F. W. Taylor und der Taylorismus – Über das Wirken und Lehre Taylors und die Kritik am Taylorismus. Vdf Hochchulverlag, Zürich 1999

Herkenrath (2003)
Herkenrath, Mark: Transnationale Konzerne im Weltsystem: Globale Unternehmen, nationale Wirtschaftspolitik und das Problem nachholender Entwicklung. Westdeutscher Verlag, Wiesbaden 2003.

Hippach-Schneider et al. (2007)
Hippach-Schneider, Ute / Krause, Martina / Woll, Christian: Berufsbildung in Deutschland: Kurzbeschreibung. Cedefop Panorama series; 136. Luxemburg: Amt für amtliche Veröffentlichungen der Europäischen Gemeinschaften, 2007.
Online am 24.11.2008
URL:
http://www.trainingvillage.gr/etv/Information_resources/Bookshop/publication_downl
oad.asp?pub_id=465&dl_id=1451&pub_lang=DE

Hoffmann (2004)
Hoffmann, Iris: Studienfinanzierung in den USA. Deutscher Akademischer Austausch Dienst, New York 2004.
Online am 03.12.2008
URL: http://www.daad.org/file_depot/0-10000000/10000-20000/16426/folder/33804/Studienfinanzierung+in+den+USA.pdf

Hofstede (1993)
Hofstede, Geert: Die Bedeutung von Kultur und ihren Dimensionen.
In: Haller et al. (Hrsg.): Globalisierung der Wirtschaft: Einwirkungen auf die Betriebswirtschaftslehre. Paul Haupt Verlag, Bern u. a. 1993, Seite 127-148.

Holtbrügge (2007)
Holtbrügge, Dirk: Personalmanagement. 3. Aufl., Springer Verlag, Berlin u. a. 2007.

House et al. (2004)
House, Robert J. / Hanges, Paul J. / Javidan, Mansour / Dorfman, Peter W. / Gupta, Vipin: Culture, Leadership, and Organizations – The GLOBE Study of 62 Societies. Sage Publications, Thousand Oaks u. a. 2004.

hrk.de (2008)
Online am 01.12.2008
URL: http://www.hrk.de/de/download/dateien/Key_Features_deutsch.pdf

innovations-report.de (2001)
Online am 01.12.2008
URL: http://www.innovations-report.de/html/berichte/wirtschaft_finanzen/bericht-4279.html

Jung (2006)
Jung, Hans: Personalwirtschaft. 7. Aufl., Oldenbourg Verlag, München u. a. 2006.

Kienbaum (2008)
Kienbaum in Kooperation mit der Universität Zürich: Kienbaum Studie Personalentwicklung 2008, Göttingen 2008.
Online am 17.12.2008
URL:
http://www.kienbaum.de/ext/download/kienbaum_studie_2008_personalentwicklung.pdf

Kienbaum (2005)
Aktuelle Kienbaum-Studie „Positionierung des HR-Managements in Unternehmen": Personalmanager mit Komplexen, Göttingen 2005.
Online am 11.11.2008
URL:http://wwwstellenboersen.de/aktuelles/kienbaum/050110kienbaum-unternehmen.html

Kogan (2008)
Kogan, Irena: Education systems of Central an Eastern European countries.
In: Kogan et al. (Hrsg.): Europe enlarged. A handbook of education, labour and welfare regimes in Central and Eastern Europe. Policy Press, Bristol 2008, Seite 7-34.

Kogan et al. (Hrsg.)
Kogan, Irena / Gebel, Michael / Noelke, Clemens (Hrsg.): Europe enlarged. A handbook of education, labour and welfare regimes in Central and Eastern Europe. Policy Press, Bristol 2008.

Kogut (1985)
Kogut, Bruce: Designing global strategies – Profiting from operational flexibility. Sloan Managagement Review 27, 27-38.

kooperation-international.de (2008)
Online am 04.12.2008
URL: http://www.kooperation-international.de/usa/themes/international/fub/laender/forschungs-bildungsland-schaft/bildungslandschaft/?PHPSESSID=acb5b77dc449b7c85fe26b461a1c9270

Kutschker/Schmid (2006)
Kutschker, Michael /Schmid, Stefan : Internationales Management. 4. Aufl., Oldenbourg Verlag, München u. a. 2006.

Lewis (2006)
Lewis, Richard D.: When cultures collide - leading across cultures. 3rd Edition, Nicolas Brealey International, Boston u. a. 2006.

Lewis (2000)
Lewis, Richard D.: Handbuch internationaler Kompetenz - Mehr Erfolg im Umgang mit Geschäftspartnern weltweit. Campus Verlag, Frankfurt 2000.

lexikon.meyers.de (2008)
Stichwort: Leistung
Online am 03.12.2008
URL: http://lexikon.meyers.de/wissen/Leistung

Lohmar/Eckhardt (2007)
Lohmar, Brigitte / Eckhardt, Thomas: Das Bildungswesen der Bundesrepublik Deutschland 2006 - Darstellung der Kompetenzen, Strukturen und bildungspolitischen Entwicklungen für den Informationsaustausch in Europa. Bonn 2007.
Online am 24.11.2008
URL: http://www.kmk.org/dossier/dossier_dt_ebook.pdf

Macharzina/Wolf (2005)
Macharzina, Klaus / Wolf, Joachim: Unternehmensführung - Das internationale Managementwissen; Konzepte, Methoden, Praxis. 5. Aufl., Gabler Verlag, Wiesbaden 2005.

Macharzina/Welge (Hrsg.)
Macharzina, Klaus / Welge, Martin K. (Hrsg.): Handwörterbuch Export und internationale Unternehmung. Schäffer-Poeschel Verlag, Stuttgart 1989

Meffert (1993)
Meffert, Heribert: Wettbewerbsstrategische Aspekte der Globalisierung – Status und Perspektiven der länderübergreifenden Integration.
In: Haller et al. (Hrsg.): Globalisierung der Wirtschaft. Einwirkungen auf die Betriebswirtschaftslehre. Paul Haupt Verlag, Bern u. a. 1993, S. 23-126.

Meifert (Hrsg.)
Meifert, Matthias (Hrsg.): Strategische Personalentwicklung - ein Programm in acht Etappen. Springer Verlag, Berlin u. a. 2008.

Meifert (2008a)
Meifert, Matthias: Was ist strategisch an der strategischen Personalentwicklung?
In: Meifert (Hrsg.): Strategische Personalentwicklung - ein Programm in acht Etappen. Springer Verlag, Berlin u. a. 2008, S. 3-28.

Meifert (2008b)
Meifert, Matthias: Prolog – Das Etappenkonzept im Überblick.
In: Meifert (Hrsg.): Strategische Personalentwicklung - ein Programm in acht Etappen. Springer Verlag, Berlin u. a. 2008, S. 69-82.

Müller-Stewens/Lechner (2005)
Müller-Stewens, Günther / Lechner, Christoph: Strategisches Management – Wie strategische Initiativen zum Wandel führen. 3. Aufl.; Schäffer Poeschel, Stuttgart 2005.

Münch (1989)
Münch, Joachim: Berufsbildung und Bildung in den USA – Bedingungen, Strukturen, Entwicklungen und Probleme. Erich Schmidt Verlag, Berlin 1989.

Neuberger (1994)
Neuberger, Oswald: Personalentwicklung. 2. Aufl., Enke Verlag, Stuttgart 1994.

OECD (2008)
Organisation for Economic Co-Operation and Development - Education at a Glance 2008.
Online am 18.12.2008
URL: http://www.oecd.org/dataoecd/23/46/41284038.pdf

Ones et al. (2006)
Ones, Deniz S. / Dilchert, Stephan / Deller, Jürgen: Unterscheidung ist noch lange keine Diskriminierung – HR und Fairness.
In: Wirtschaftspsychologie aktuell, Heft 2-3/2006, Deutscher Psychologen Verlag, Bonn 2006, S. 51-53.

osteuropa-infoseite.de (2009)
Online am 02.01.2009
URL: http://www.osteuropa-infoseite.de/laenderinfo.htm

Peterke (2006)
Peterke, Jürgen: Handbuch Personalentwicklung - durch Führung Menschen und Unternehmen fördern; Lernen zum Wettbewerbsvorteil entwickeln; Qualifizierung zielgerichtet und wirkungsvoll vornehmen. Cornelsen Verlag, Berlin 2006.

Pfaeffle (2002)
Pfaeffle, Walther: Arbeitsförderung im Land des „hire and fire". US-Staaten zahlen sechs Monate Arbeitslosengeld – Bush-Regierung will Clintons Wohlfahrtsprogramme reduzieren. Tagesspiegel Wirtschaft, New York 2002.
Online am 28.11.2008
URL: http://www.tagesspiegel.de/wirtschaft/;art271,2092109

Pitzke (2005)
Pitzke, Marc: Das Geschäft mit der Gleichheit blüht.
Online am 07.12.2008
URL: http://www.spiegel.de/wirtschaft/0,1518,346701,00.html

Rath et al. (2006)
Rath, Wilfried von / Fueter, Wolfgang / Cockwell, Anne: Interantionale Managemententwicklung im Volkswagen-Konzern.
In: Riekhof (Hrsg.): Strategien der Personalentwicklung – Mit Praxisbeispielen von Bosch, Linde, Philips, Siemens, Volkswagen und Weka. 6. Aufl., Gabler Verlag, Wiesbaden 2006, Seite 263-278.

Richter (2009)
Richter, Michael: „Was bleibt, ist die Veränderung; was sich verändert, bleibt".
Online am 12.01.2009
URL: http://www.veraenderungs-consulting.de/Zitate/zitate.html

Riekhof (Hrsg.)
Riekhof, Hans-Christian (Hrsg.): Strategien der Personalentwicklung – Mit Praxisbeispielen von Bosch, Linde, Philips, Siemens, Volkswagen und Weka. 6. Aufl., Gabler Verlag, Wiesbaden 2006.

rlp.juris.de (2008)
Online am 07.12.2008
URL: http://rlp.juris.de/rlp/gesamt/BiFreistG_RP.htm

Römer (2006)
Römer, Christof: Multinationale Unternehmen - Eine theoretische und empirische Bestandsaufnahme. Deutscher Instituts-Verlag, Köln 2008.

Rump/Eilers (2006)
Rump, Jutta / Eilers, Silke: Managing Employability.
In: Rump et al. (Hrsg.): Employability Management – Grundlagen, Konzepte, Perspektiven. Gabler Verlag, Wiesbaden 2006, S. 13-76.

Rump et al. (Hrsg.)
Rump, Jutta / Sattelberger, Thomas / Fischer, Heinz (Hrsg.): Employability Management – Grundlagen, Konzepte, Perspektiven. Gabler Verlag, Wiesbaden 2006.

Sawitzki (2007)
Sawitzki, Peter: International verhandeln - Interkulturelle Kommunikation im Business. Deutscher Wirtschaftsdienst, Köln 2007.

Schedler (2005)
Schedler, Bernd Helmar: Leistungsmessung in multinationalen Unternehmen. Schulthess Druck, Zürich 2005.
Online am 03.12.2008
URL:
http://www.unisg.ch/www/edis.nsf/wwwDisplayIdentifier/3057/$FILE/dis3057.pdf

Schmitt (2002)
Schmitt, Matthias: Der grenzüberschreitende Transfer von Personalpraktiken innerhalb multinationaler Unternehmen. Rainer Hampp Verlag, München u. a. 2002.

Seer (2003)
Seer, Ilka: Sind Gesten eine international verständliche Gebärdensprache? Informationsdienst Wissenschaft e. V. Kommunikations- und Informationsstelle der Freien Universität Berlin, Berlin 2003.
Online am 29.11.2008
URL: http://idw-online.de/pages/de/news58840

Siedenbiedel (2008)
Siedenbiedel, Georg: Internationales Management - Einflussgrößen, Erfolgskriterien, Konzepte. Lucius & Lucius, Stuttgart 2008.

spd-bildungsserver.de (2008)
Online am 29.11.2008
URL: http://www.spd-bildungsserver.de/internationales/us_schulsystem.htm

spiegel.de (2007)
Auszug aus den Ergebnissen der Pisa-Studie 2006
Online am 01.12.2008
URL: http://www.spiegel.de/schulspiegel/wissen/0,1518,521201,00.html

studentenwerke.de (2008)
Online am 26.11.2008
URL:
http://www.studentenwerke.de/pdf/Uebersicht%20Details%20Studiengebuehren.pdf

Thom (2003)
Thom, Norbert: Management des Wandels - Grundlegende Erkenntnisse und ausgewählte Aspekte der neuen europäischen Herausforderung.
Online am 04.12.2008
URL: http://www.uni-miskolc.hu/~euint/zsugyel/20030927/thom2003.pdf

Thom/Zaugg (Hrsg.)
Thom, Norbert / Zaugg, Robert J. (Hrsg.): Moderne Personalentwicklung – Mitarbeiterpotenziale erkennen, entwickeln und fördern. 2. Aufl.; Gabler Verlag, Wiesbaden 2007.

Thomas/Stumpf (2003)
Thomas, Alexander / Stumpf, Siegfried: Aspekte interkulturellen Führungsverhaltens. In: Bergemann/ Sourisseaux (Hrsg.): Interkulturelles Management. 3. Aufl., Springer Verlag, Berlin u. a. 2003, S. 69-108.

Ulrich (2008)
Ulrich, Dave: Geleitwort
In: Meifert (Hrsg.): Strategische Personalentwicklung - ein Programm in acht Etappen. Springer Verlag, Berlin u. a. 2008, Seite V-IX.

unstats.un.org (2009)
Online am 02.01.2009
URL: http://unstats.un.org/unsd/methods/m49/m49regin.htm#europe

Wache (2003)
Wache, Michael: Grundlagen von e-Learning. Bundeszentrale für politische Bildung, Bonn 2003.
Online am 10.01.2009
URL: http://www.bpb.de/methodik/87S2YN,0,0,Grundlagen_von_eLearning.html#art0

Weber et al. (2001)
Weber, Wolfgang / Festing, Marion / Dowling, Peter J. / Schuler, Randall S.: Internationales Personalmanagement. 2. Aufl., Gabler Verlag, Wiesbaden 2001.

Welge (1989)
Welge, Martin K.: Koordinations- und Steuerungsinstrumente.
In: Macharzina/Welge (Hrsg.): Handwörterbuch Export und internationale Unternehmung. Schäffer-Poeschel Verlag, Stuttgart 1989, Sp. 1182-1191.

Welge/Holtbrügge (2006)
Welge, Martin K. / Holtbrügge, Dirk: Internationales Management - Theorien, Funktionen, Fallstudien. 4. Aufl., Schäffer-Poeschel Verlag, Stuttgart 2006.

Welge/Holtbrügge (2003)
Welge, Martin K. / Holtbrügge, Dirk: Organisatorische Bedingungen des interkulturellen Managements.
In: Bergemann/Sourisseaux (Hrsg.): Interkulturelles Management. 3. Aufl., Springer Verlag, Berlin u. a. 2003, S. 3-20.

Wöhe (2002)
Wöhe, Günter: Einführung in die Allgemeine Betriebswirtschaftslehre. 21. Aufl., Franz Vahlen Verlag, München 2002.

Zaugg (2007)
Zaugg, Robert J.: Nachhaltige Personalentwicklung – Von der Schulung zum Kompetenzmanagement.
In: Thom/Zaugg (Hrsg.): Moderne Personalentwicklung – Mitarbeiterpotenziale erkennen, entwickeln und fördern. 2. Aufl.; Gabler Verlag, Wiesbaden 2007, S. 19-40.

Zimmermann (2008)
Zimmermann, Thomas A.: Direktinvestitionen - aktuelle Entwicklungen in Theorie, Praxis und Politik.
In: Die Volkswirtschaft. Das Magazin für Wirtschaftspolitik. Ausgabe 7/8-2008, Zollikofer AG, St. Gallen 2008, S. 4-8.
Online am 31.12.2008
URL: http://www.dievolkswirtschaft.ch/de/editions/200807/pdf/Zimmermann.pdf

Sascha Giesche

Interkulturelle Kompetenz als zentraler Erfolgsfaktor im internationalen Projektmanagement

Diplomica 2010 / 148 Seiten / 39,50 Euro

ISBN 978-3-8366-9109-3

EAN 9783836691093

In der modernen Wirtschaftswelt hat die Entwicklung von Unternehmen von einem lokalen hin zu einem globalen Kontext eine hohe und weiterhin steigende Bedeutung. Unternehmen sichern ihre Wettbewerbsfähigkeit durch Kooperationen, Fusionen oder Übernahmen sowie der Etablierung in neuen (Auslands-)Märkten. Diese Entwicklungen geschehen zum großen Teil im Rahmen international besetzter Projekte. Vom Erfolg dieser Projekte hängt zudem in entscheidendem Maße der Erfolg dieser Unternehmen und ihrer Weiterentwicklung ab.

Einen zentralen Erfolgsfaktor stellt dabei die interkulturelle Kompetenz der Projektmanager und Projektmitarbeiter dar. Dieses Buch beleuchtet mögliche Probleme im internationalen Projektmanagement und geht im Detail auf dem Bereich der interkulturellen Kompetenz als Erfolgsfaktor ein.

Ein praktischer Bezug wird durch die Darstellung einiger Trainingsangebote des offenen Marktes hergestellt, am Beispiel derer die erarbeiteten Erfolgsfaktoren überprüft werden. Die Untersuchung erfolgt vorrangig anhand im Internet zugänglicher Trainingsunterlagen und bleibt damit für den Leser nachvollziehbar.

Petia Jacobs

Bulgarien als Absatzmarkt für deutsche Lebensmittel-Discounter

Entwicklung einer Markteintrittskonzeption

Diplomica 2010 / 152 Seiten / 49,50 Euro

ISBN 978-3-8366-8768-3

EAN 9783836687683

Der Einzelhandel in Deutschland hat in den letzten Jahren mit besonderen Herausforderungen zu kämpfen. Zunehmende Marktsättigung, stagnierende Reallöhne und die hohe Arbeitslosigkeit sind die ausschlaggebenden Faktoren, welche einen ansteigenden ruinösen Verdrängungswettbewerb verursachen. Diese schwierigen Bedingungen im Heimatmarkt einerseits und die gleichzeitig steigende Attraktivität der geographisch nahe liegenden Auslandsmärkte anderseits haben dazu geführt, dass der deutsche Einzelhandel die Auslandsexpansion massiv vorantreibt. Durch die jüngste EU-Osterweiterung im Jahr 2007 ist auch Bulgarien ein interessanter Absatzmarkt für deutsche Handelsunternehmen geworden.

Die Autorin verfolgt mit ihrer Untersuchung das Ziel einer praxisnahen Konzeption für deutsche Lebensmittel-Discounter beim Markteintritt auf dem bulgarischen Absatzmarkt. In einem Ausblick werden von ihr zudem mögliche Auswirkungen und Veränderungen auf dem bulgarischen Absatzmarkt beleuchtet, welche durch den Markteintritt von deutschen Lebensmittel-Discountern verursacht werden.

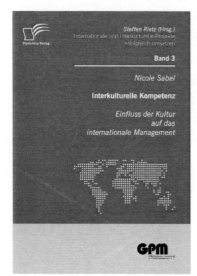

Nicole Sabel

Interkulturelle Kompetenz:

Einfluss der Kultur auf das internationale Management

Diplomica 2010 / 128 Seiten / 39,50 Euro

ISBN 978-3-8366-9699-9

EAN 9783836696999

Der Umgang mit kulturellen Unterschieden im Arbeitsalltag stellt für Unternehmen längst nicht mehr einen Ausnahmefall dar: Im täglichen Geschäft treffen unterschiedliche Kulturen aufeinander, die sich jeweils durch unterschiedliche Wertvorstellungen, Denk- und Handlungsweisen auszeichnen und unterschiedliche Sprachen sprechen.
In der Vergangenheit haben viele Unternehmen ausländische Märkte fast in der gleichen Art und Weise bearbeitet wie den Heimatmarkt und sind mit dieser Nicht-Beachtung kultureller Gegebenheiten in der Auslandsmarktbearbeitung gescheitert.

In der vorliegenden Studie werden die verschiedenen Facetten des internationalen Managements und der internationalen Marktbearbeitung aufgezeigt. Es wird dargestellt, welchen Einfluss die verschiedenen kulturellen Faktoren wie Religion, Zeitauffassung und Sprache auf die Unternehmens- und Verhandlungsführung haben. Zahlreiche Beispiele demonstrieren, welche Folgen aus fehlerhafter Personalführung, mangelnder Vorbereitung personeller Ressourcen auf einen Auslandseinsatz sowie kulturell bedingten Missverständnissen in der Kommunikation resultieren können.